金融高频协方差阵的估计及应用研究

刘丽萍　著

科　学　出　版　社

北　京

内 容 简 介

本书基于金融市场的高频数据,考虑市场微观结构噪声和跳跃对协方差阵的影响,提出了修正的门限预平均已实现协方差阵(MTPCOV),并采用分块策略和正则化技术对其进行修正。将高频数据波动理论、计量分析方法及实证研究进行结合,研究了新估计量的理论性质及其在投资组合中的应用。

本书适合统计学、金融学和数学等相关专业的研究人员和高校师生阅读,也可供从事金融高频数据研究的工作者和对金融计量感兴趣的读者阅读。

图书在版编目(CIP)数据

金融高频协方差阵的估计及应用研究/刘丽萍著. —北京:科学出版社,2016.6

ISBN 978-7-03-048698-1

Ⅰ.①金⋯ Ⅱ.①刘⋯ Ⅲ.①金融-经济数学-研究 Ⅳ.①F830

中国版本图书馆 CIP 数据核字(2016)第 129409 号

责任编辑:郭勇斌 邓新平/责任校对:杜子昂
责任印制:徐晓晨/封面设计:众轩企划

科 学 出 版 社 出版
北京东黄城根北街 16 号
邮政编码:100717
http://www.sciencep.com

北京教图印刷有限公司 印刷
科学出版社发行 各地新华书店经销
*
2016 年 6 月第 一 版 开本:720×1000 1/16
2017 年 1 月第二次印刷 印张:11 1/4
字数:151 000

定价:65.00 元
(如有印装质量问题,我社负责调换)

前　言

在金融计量领域里，多维的金融高频协方差阵在投资组合和风险管理中起着非常重要的作用。在资产组合中，资产权数的确定跟它们之间的协方差阵是密切相关的，得到的协方差阵越精确，权数的分配越合理，组合效果将会更好。因此，对基于高频数据的协方差阵估计方法进行研究具有重要的理论和实践意义。

高频数据包含了丰富的市场信息，是金融领域的研究重点之一。当市场上不存在市场微观结构噪声或跳跃时，已实现协方差阵（RCOV）是积分协方差阵的一致估计量。而在现实的金融市场上，噪声和跳跃往往是同时存在的，在二者都存在的情况下，对高频协方差阵进行估计从而得到积分协方差阵的一致估计量，是值得深入研究的问题。但是现有的研究要么只考虑市场微观结构噪声的影响，要么只考虑跳跃的影响，很少有文献同时考虑噪声和跳跃对高频协方差阵估计的影响。而噪声和跳跃有可能同时存在于金融市场上，在二者同时存在的情况下对高频数据的协方差阵进行估计，仍是一个较为困难的问题。本书在前人研究的基础之上，针对目前研究的不足，提出了新的高频协方差阵估计量，同时处理市场微观结构噪声和跳跃的影响，提高高频协方差阵的估计效率。本书将高频数据波动理论、计量分析方法及实证研究紧密地结合起来，采用定性与定量相结合的方法，既有理论的梳理与构建，又有详细的实证分析。

本书的亮点主要表现在三个方面。首先，提出了一个新的高频协方差阵估计量——修正的门限预平均已实现协方差阵（MTPCOV）估计量。该估计量不仅可以处理市场微观结构噪声的影响，还可以剔除跳跃对高频协方差阵估计的影响。其次，将分块策略和正则化方法应用在 MTPCOV 的估计中，减少数据量的损失，得到了基于流动性调整的修正的门限预平均已实现协方差阵（RnBMTPCOV）估计量。该方法是对 MTPCOV 的调整，克服了其由于刷新时间采样而导致大量数据损失的缺点，在不对参数施加任何限制的情况下，提高了估计精度。最后，将新的高频协方差阵估计方法应用在投资组合中，并与其他高频协方差阵估计方法进行了比较分析。

国内对高频数据的研究大都集中在一维的研究，而对多维的高频协方差阵的研究还非常少，个别的文献涉及高频数据的 RCOV，但对于能够消除市场微观结构噪声和跳跃的 MTPCOV 及其在投资组合中的应用，国内还没有相关研究。通过本书的研究，希望能够给统计学、金融学和数学等相关专业的研究人员及高校师生一些启发。

书中难免有不足之处，恳请读者指正。

刘丽萍

2015 年 12 月

缩 写 释 义

KCOV	Multivariate Realized Kernels Covariance Matrix	多元已实现核协方差阵
MPCOV	Modified Pre-averaging Realized Covariance Matrix	修正的预平均已实现协方差阵
MPCV	Modified Pre-averaging Realized Covariance	修正的预平均已实现协方差
MRC	Modulated Realised Covariance	调整的已实现协方差
MRCOV	Modulated Realised Covariance Matrix	调整的已实现协方差阵
MTPCOV	Modified Threshold Pre-averaging Realized Covariance Matrix	修正的门限预平均已实现协方差阵
MTPCV	Modified Threshold Pre-averaging Realized Covariance	修正的门限预平均已实现协方差
PCOV	Pre-averaging Realized Covariance Matrix	预平均已实现协方差阵
PCV	Pre-averaging Realized Covariance	预平均已实现协方差

RBPCOV	Realized BiPowe Covariance Matrix	已实现双幂次协方差阵
RBPCV	Realized BiPower Covariance	已实现双幂次协方差
RCOV	Realized Covariance Matrix	已实现协方差阵
RCV	Realized Covariance	已实现协方差
RnBMTPCOV	Blocking and Regularization Modified Threshold Pre-averaging Realized Covariance Matrix	基于流动性调整的修正的门限预平均已实现协方差阵
ROWCOV	Realized Outlyingness Weighted Covariance Matrix	已实现离群加权协方差阵
thresholdCOV	Threshold Covariance Matrix	门限协方差阵
TPCOV	Threshold Pre-averaging Realized Covariance Matrix	门限预平均已实现协方差阵
TPCV	Threshold Pre-averaging Realized Covariance	门限预平均已实现协方差
TSCOV	Two time scale Realized Covariance Matrix	双频已实现协方差阵
TSCV	Two time scale Realized Covariance	双频已实现协方差

目　　录

1 绪　　论

　　金融资产的协方差阵在投资组合中起着非常重要的作用,资产权数的确定与它们之间的协方差阵是密切相关的。如何准确估计金融资产的协方差阵,使组合效果达到最优,是金融领域研究的热点问题之一。不同方法计算的协方差阵存在较大的差异,目前主流的计算方法是基于低频数据对协方差阵进行估计,但是在交易频繁的金融市场上,低频数据损失了很多有用的信息使协方差阵的估计不够理想。随着高频数据可获得性的提高及计算方法的飞速发展,越来越多的学者开始对高频数据进行研究,高频数据提供了关于市场微观结构的大量信息,从而使基于高频数据的协方差阵估计方法更为精确。

　　不同的协方差阵估计方法估计得到的矩阵存在较大差异,将其应用于投资组合时也会存在显著的差异。因而将高频协方差阵应用到投资组合时,首先应该考虑估计得到的协方差阵是否是有效的、无偏的。当金融市场满足有效市场的假定,即市场上不存在市场微观结构噪声和跳跃时,Andersen 等(2003a)提出的 RCOV 是积分协方差阵的一致估计量,但是当市场微观结构噪声或跳跃存在时,RCOV 估计的往往不是资产的有效价格的协方差阵,而是市场微观结构噪声或跳跃的协方差阵。

　　为了降低市场微观结构噪声或跳跃对高频协方差阵估计的影响,很多学者提出了新的协方差阵估计方法,如双频已实现协方差阵(TSCOV)估计方法、多元已实现核协方差阵（KCOV）估计方法等,这类协方差阵估计方法考虑了市场微观结构噪声对高频协方差阵估计的影响。又如已实现双幂次协方差阵（RBPCOV）估计方法、已实现离群加权协方差阵（ROWCOV）估计方法、门限协方差阵（thresholdCOV）估计方法等，这类协方差阵估计方法考虑了跳跃对高频协方差阵估计的影响。这些研究，要么只考虑了市场微观结构噪声的影响，要么只考虑了跳跃的影响，而在现实的金融市场上，噪声和跳跃往往是同时存在的。如何在噪声和跳跃二者都存在的情况下，对高频协方差阵进行估计从而得到积分协方差阵的一致估计量，是值得深入研究的问题。

目前，学者们大致从三个方面对这一问题进行了研究。首先，如何准确地估计高频协方差阵，尤其是当市场微观结构噪声或跳跃同时存在时，这也是本书的研究重点和难点。其次，如何选择预测模型对高频协方差矩阵进行预测。最后，在构造投资组合时，全面考虑目标函数的选择及组合调整频率的变化对投资组合收益的影响。

中国的金融市场正处于转轨阶段，市场还不够成熟，仍存在诸多问题。近年来，已有很多学者对中国金融市场进行了深入的研究，并提出了许多宝贵的建议。但是国内的研究大多是对一维的高频数据进行研究，对于多维的金融高频协方差阵的研究少有涉及。而多维的金融高频协方差阵在投资组合和风险管理中起着非常重要的作用，对高频协方差阵进行研究有助于防范或者降低金融风险。当市场微观结构噪声和跳跃同时存在时，如何精确地估计和预测高频协方差阵？高频协方差阵应用在投资组合中真的比低频数据的效果更好吗？

为了在市场微观结构噪声和跳跃都存在的条件下，对金融高频数据的协方差阵进行估计，本书提出了新的估计量——MTPCOV估计量，该估计量能够通过预平均方法降低市场微观结构噪声的影响，通过门限剔除跳跃的影响。首先对MTPCOV估计量的理论性质进行探讨，然后采用模拟数据对其进行模拟研究，最后采用中国金融市场真实的股票高频数据对MTPCOV估计量进行实证检验。在估计MTPCOV

时，为了解决不同的交易问题，往往采用刷新时间方案对高频数据进行同步化处理，这使数据的损失量非常大，尤其是在考虑的资产数目较多时。为了减少数据的损失得到更为精确的高频协方差阵估计量，将分块策略与正则化方法应用到 MTPCOV 的估计中，得到了 RnBMTPCOV。另外，还对常用的高频协方差阵预测模型进行了比较分析，选择了较好的协方差阵预测模型对高频协方差阵进行预测，并对 MTPCOV 估计量及 RnBMTPCOV 估计量在投资组合中的应用情况进行了深入研究。

2 金融高频数据研究现状

2.1 高频数据及其特征分析

2.1.1 什么是金融高频数据

近年来，计算工具与计算方法的发展，极大地降低了数据记录和存储的成本，使得对大规模数据库的分析成为可能。所以，许多科学领域的数据都开始以越来越精细的时间刻度被搜集，这样的数据被称为高频数据。高频金融数据是指日内的金融时间序列，以小时、分和秒为采集频率的、按时间先后顺序排列的金融类数据。金融市场中，逐笔交易数据或逐秒记录数据就是高频数据的例子。相比以日、月、年为频率的低频数据，金融高频数据中除交易价格外，还包括与交易相连的询价和报价、交易数量、交易之间的时间间隔、相似资产的现价等方面的具有高度持续性的交易信息。

2.1.2 金融高频数据的主要特征

按照更短时间间隔所取得的金融高频数据较传统的低频观测数据而言，呈现出了其独有的一些特征。它主要有四个典型的特征：一是高频数据的记录间隔是不等的，这是因为在金融市场上，某支股票的交易并不一定按相同的时间间隔发生，因而所观测到交易价格等变量的时间间隔也就不等；二是高频数据所记录的交易价格是离散的变量，某项资产的价格变动往往是以计量单位的若干倍发生的；三是高频数据存在着 U 型的日内周期模式，其交易量往往在每一天的开盘和收盘时间较大，在中午较小；四是多笔交易有可能同时发生，这种现象归因于高频数据每天的交易量都很大，从而使用秒计量时间都成为一个较大的时间单位。

2.2 金融高频数据分析的主要动因

伴随着社会经济的发展，金融交易的频率不断加快，金融高频数据成为金融研究中备受瞩目的焦点。学术界对金融高频数据关注的原因主要可以归结为两个方面。一是金融高频数据本身的特征值。交易数据本身即存在多个维度，如交易价格、交易数量、同类或类似资产价格、交易时间间隔等。因此，对金融高频数据的分析可以是不同时间间隔，既有离散变量又有连续变量的多维度复杂问题。这样，问题就成为既可以总体分析，又可以局部特殊处理的多层次富有挑战性和乐趣的课题。二是金融高频数据由微观交易产生，分析对于理解微观市场非常重要。对于高频数据的分析也得到了非常重要的成果，转变了原有的一些错误或不精确的观念。如短期价格波动不再被认为是无搜集意义的噪声，可以通过对高频数据的考察进行分析；再如一些古典经济假定短期价格波动服从高斯随机游程（Gaussian Random Walk）、金融市场同类性（Homogeneous）等随着对高频数据的统计认识而受到质疑。总之，对金融市场微观结构的考察，需要对基础经济理论、研究方法和计量模型等不断地进行完善，金融高频数据及其分析为这些转变的实现提供了条件。

2.3 金融高频数据分析研究的现状

尽管对金融高频数据和超高频数据的分析研究历史并不长，但是目前的发展状况却着实令人鼓舞。众多研究者对此都表现出极大的兴趣，分别从不同的角度对金融高频数据和超高频数据进行了探索和研究。

2.3.1 金融高频数据统计特征的研究

在讨论金融高频数据如何应用时，证券价格会受到金融市场信息的影响，所获得的金融市场信息的多少取决于金融数据的抽样频率，数据的抽样频率越高，所获得的市场信息越多。要对金融高频数据建立模型，就很有必要对金融高频数据的统计特征进行分析。因为统计特征不仅是认识数据的基本依据，也是正确使用数据的前提。早期的研究表明，金融高频数据是不稳定的，在较短期间内有厚尾（Heavy-tail）趋势。相比较而言，近期对金融高频数据统计特征的研究更为深入和具体。有研究发现高频收益数据具有非正态性，随着数据频率的增加，其数据的峰度也随之增加，以分钟为频率的数据，其峰度就已经达到 100 以上（Andersen and Bollersle, 1998）。有学者采用高频数据对美国股票市场和外汇市场的日内（Intra Day）波动性和长记忆性进行研究，证明了在这些市场中存在着波动的长记忆性（Andersen and Bollerslev, 1997）。在 T.G. Andersen 和 T. Bollerslev 研究中，他们还进一步利用高频数据对日本股票市场进行了研究，通过滤波的方法证明了波动长记忆性的存在（Andersen et al., 2000b）。

研究发现高频数据除了具有低频数据所具有的长记忆性、非正态性，其自身还具有一些独特的统计特征：

（1）具有日内"U"型走势

在对日内的高频数据进行实证研究时，会发现日内波动率在开盘和收盘时段比较高，而在中间时段，波动率相对较低，整体来看，其表现出典型的"U"型走势。有些学者分别从不同的角度对波动率的"U"型结构进行研究，对其结构模式给出了合理的理论解释（Admati and Pfleiderer, 1988；Brock and Kleidon, 1992）；有的学者则采用单个交易样本股的数据进行实证研究,发现类似于日内波动率,成交频率、买卖差价及成交量等指标也在呈现出典型的日内"U"型结构。

（2）具有典型的"日历效应"

所谓日历效应指的是买卖价差、成交频率、成交量及价格波动率等一些金融指标,在固定的时期内也会呈现出典型的 U 型的运动模式,即在每周的工作日内,波动率的变化模式具有很强的"季节性"。在对低频时间序列进行研究时,人们更广泛地关注"周内效应",然而,在高频时间序列的领域里,学者们更加关注的是这些变量在交易日内所呈现的稳定的走势。有学者针对"日历效应"与波动率的关系进行了系统的研究,发现波动率的准确计量是与"日历效应"密切相关的（Andersen and Bollerslev, 1996, 1998）。并且他们进一步对"日历效应"与波动的持续性的关系进行了研究,发现当通过滤波对"日历效应"进行处理后,股市的波动的持续性大大降低了（Andersen and Bollerslev, 1997）。后又有学者研究了日本市场的"日历效应",他们采用了弹性傅里叶形式回归方法进行实证分析,发现日本股票市场的波动率具有独特的形式,其波动率在日内表现出双"U"模式,这可能与日本的特殊的交易制度有关（Andersen et al., 2000）。

（3）价格序列具有高峰厚尾性

在对传统的低频金融时间序列进行分析时,通常都假定金融资产的收益率服从正态分布,大多采用 GARCH 模型刻画这些峰度较大的数据的特征。但是如果峰度超过了 100,GARCH 模型将不再适用。大量的实证研究证明金融高频时间序列并不服从正态分布的假定,它具有非常明显的尖峰厚尾的特征。有研究发现抽样频率的增加,将会使高频数据的峰度值迅速增加,交易时间的间隔越短,交易的频率越高,金融市场上的高频收益率序列就越会偏离正态的分布。在抽样频率以分钟为单位进行抽样时,其统计分布的峰度值就已经明显地超过了 100（Andersen and Bollerslev, 1998）。

（4）价格序列具有典型的负相关性

在衡量市场的效率时，自相关性十分重要，这便引起了大量的学者对高频金融时间序列的自相关性进行检验。有学者运用高频数据进行实证分析，发现在日内交易价格具有明显的一阶的负相关性，当出现一些跳点的时候，这种一阶负相关性尤其明显（Goodhart and Figliuoli, 1991）。继而有学者通过对询价数据进行分析，而进一步证实了它的一阶负相关的特性（Bollerslev and Domowitz, 1993）。又有学者通过对抽样频率为 5 min 的高频数据进行分析，验证了金融高频时间序列具有特别典型的负相关特性，并且也证明了其负相关性具有明显的非线性的特征（Stankewich and Muthusuamy, 1996）。

2.3.2　金融市场微观结构的研究

关于金融高频数据分析应用于对市场微观结构分析的研究，最初的文献是关于日内收益与波动性时间序列的模式的研究（Wood et al., 1985；Harris, 1986；Lockwood and Linn, 1990；Dacorogna et al., 1993）。此后，便陆续不断地有许多文献对日内金融市场数据的行为特征做了更深入的研究。最近几年，关于对市场微观结构的实证研究在深度和广度方面又有了新的进展，尤其以对股票市场高频数据的分析最具代表性。主要有用高频交易数据对不同交易系统（如 NYSE 的公开喊价系统与 NASDAQ 的计算机交易系统）在价格发现中的效率进行比较；用高频交易数据对某一个特殊股票的报价与询价的动态性进行研究（Hasbrouk, 1999；Zhang et al., 2001）；在一个订单驱动的股票市场（如台湾股票市场）中，高频交易数据被用于研究订单的动态性，以及回答是谁提供了市场的流动性问题。此外还有学者用标准普尔 500 指数（S&P 500 index）的高频数据对股票指数的波动性进行了预测研究（Hol and Koopman, 2002）；有学者将股票市场的高频交易数据应用于因素定价模型（Factor Pricing Models）中系统风险因素的计量和建模等一系列的相关研究（Bollerslev and Zhang, 2003）。

2.3.3 金融高频数据建模的研究

随着金融高频数据不断地增加，如何使用模型恰当地描述这些数据就成为一个重要的问题。从计量经济学角度来看，金融高频数据的一个最显著特征是观测值以变动的、随机的时间间隔取得。该特征隐含着对我们所熟悉的、固定的、等值的时间间隔数据的偏离，也意味着原有的一些深受欢迎的模型，如关于波动性研究的 GARCH（Generalized Autoregressive Conditional Heteroscedasticity）模型、SV（Stochastic Volatility）模型等将不再适用。尽管一些实证模型的实证结果解释了一些现象，反映了一些新的市场微观特征，但是目前还没有一个统一的能让大家认可的模型。总结起来，目前对高频数据的理论研究模型主要包括以下几类。

（1）"日历效应"模型

有实证研究发现引起金融高频数据"日历效应"的主要原因来自于时间纬度，在此基础上，他们对时间纬度进行了转换，进而构建了一种新的时间变换模型，并采用这种新的模型对金融数据的波动率进行了实证分析（Daeorogna et al., 1993, 1994）。有的学者对波动率构建了一种新的随机模型，与 GARCH 模型相似，该模型是通过灵活处理时间信息的分布来变现时间的聚集性特征的（Morana and Beltratti, 2000）。后有学者对它们的模型做了进一步的推广并加以运用（Beltratti and Morana, 2001）。有学者从非正态性及相依性的角度对高频数据进行了实证分析（Bai et al., 2000）。近年来，T.G. Andersen 和 T. Bollerslev

的研究对"日历效应"模型的发展起着非常要的作用，他们在 1994年建立了 FFF 回归模型，他们在没有方差的情况下通过二步分析法得到真实的金融高频波动率值。继而有学者在 T.G. Andersen 和 T. Bollerslev 研究的基础之上，详细分析了香港市场的相关情况，其结果显示非常好。

（2）GARCH 类拓展模型

在低频数据领域，传统的 GARCH 模型成功刻画了金融市场上股市的波动。不少学者也试图将 GARCH 模型复制到高频数据领域，对高频数据波动率进行建模，但各方面的尝试性研究并没有取得实际性的突破。有学者探讨了弱 GARCH 模型在高频数据中的应用情况（Drost and Nijman, 1993）。有学者在 E.C. Drost 和 T.E. Nijman 研究的基础上提出了一种理论估计方法，该方法是针对弱 GARCH 模型的，但是他们的研究缺少相关的实证支持。后又有学者提出了另一类的 GARCH 模型，该类模型在 GARCH 模型的估计中引入了时间刻度变换处理技术，但是在实证研究中，该类模型并没有表现出明显的优越特性（Daccoroga et al., 1996, 1998）。

（3）基于高频数据的随机时间效应模型

目前，对于金融高频数据随机效应的实证研究还不是非常多，主要集中在两个方面：一是关于非同步性交易的实证研究，有学者利用具有非同步交易特性的高频数据进行实证研究，研究结果显示引起高频时间序列一阶滞后横截面相关和一阶收益率序列相关的主要原因是非同步交易（Campbell et al., 1997）。二是关于随机交易间隔的实证研究，有学者针对随机交易间隔与市场信息传递之间关系的角度，进行了实证分析，研究发现如果交易的时间间隔比较长，那么肯定会伴随着利空消息的发布，并且市场上知情交易者的数量是决定交易频率大小的决定性因素（Diamond and Verreahia, 1987）。有学者详细分析了在整个的价格形成过程中,随机交易的时间间隔的变化情况(Dufour and Engel, 2000)。

对随机交易时间间隔建立模型是对高频数据的随机效应研究的主要体现。有学者使用了与分析波动性的 ARCH 模型相似的概念,提出了 ACD(Autoregressive Conditional Duration)模型描述(交易活跃的)股票交易间隔的发展过程(Engle and Russell, 1998)。随后有些研究又进一步对 ACD 模型做了扩展,用于分析金融高频数据中非线性和结构性间隙问题(Zhang et al., 2001)。有学者将 ACD 和 GARCH 模型有效的结合起来,构造了 ACD-GARCH 模型,ACD-GARCH 模型很好的描述了金融高频数据的波动率与交易间隔之间的关系(Graming and Wellner, 2002)。后有研究详尽分析了 ACD 模型,考虑 ACD 模型的参数限制条件,改进 ACD 模型,并提出 LOG-ACD 模型,LOG-ACD 模型可以忽略估计参数的非负性,从而可以很好地刻画反映金融市场微观结构的特征变量的变化情况(Bauwens et al., 2004)。有学者又进一步拓展了 ACD 模型,在其基础之上,建立了一类增广型的 ACD 模型,称之为 AACD 模型,该模型主要是通过 Box-cox 转换得到的(Ferdnandes and Gramming, 2006)。

(4)高频已实现波动率模型

为了度量金融高频数据已实现波动率,已实现波动率被提出,它是一种非参数估计方法,该方法的参数估计并不复杂,计算起来较为方便,并且很好地利用了金融高频数据的信息,在没有市场微观结构噪声和跳跃的情况下,其实积分波动的一致估计量(Andersen and Bollerslev, 1998)。后又有一系列的研究对已实现波动率建立模型。有学者在已实现波动率中引入了条件协方差阵,从而构建了一种新的模型,并将其与 GARCH 类模型进行对比分析,通过实证研究发现新的模型具有更优的预测能力(Andersen et al., 2003a)。有学者将已实现波动率引入一些模型中，构建了 SV-RV 模型及 ARFIMA-RV 模型，通过实证研究发现引入了已实现波动率的模型，可以大大地提高传统模型的预测能力（Koopman et al., 2005）。有研究又将 ARFIMA 模型做了进一步的扩展，考虑了单整及分维数等特征，建立了针对单变量的 RV-ARFIMA 模型和针对多变量的 lnRV-ARFIMA 模型，并采用中国股市数据对这两类模型进行了实证分析（唐勇和张世英，2006）。后有学者通过实证研究进一步证实了拓展形式的 SV 模型及已实现波动率模型在波动预测方面的优势（魏宇，2010）。

（5）高频时间序列非参数估计模型

随着神经网络技术、数据挖掘技术及遗算法等非参数方法的兴起，非参数方法在金融高频数据中得到了广泛的应用。有学者在梳理好总结非线性数据处理方法的基础之上，提出了 F 一致性，其思想为：随着样本量不断地增大，统计量的大样本性会得到改善（Dunis and Zhou, 1998）。如果抽样频率不断地扩大导致样本容量不断地增大，此时 F 一致性并不会发生改变。

将包含大量市场微观信息的金融高频时间序列与非参数数据处理技术相结合，便可以建立非线性模型并应用在金融市场上，从而可以挖掘更多的市场微观结构的新特征，有利于改革和完善我国的金融市场。

2.3.4 基于金融高频数据已实现波动的研究

2.3.4.1 已实现波动理论

近年来，随着信息技术的发展，金融市场上的高频数据更易于获取。如何分析高频数据，利用高频数据来理解金融市场，估计金融风险，是我们面临的一重大问题。传统的 ARCH、GARCH 及 SV 类模型已不再适用，针对这一难题，Bollerslev 等人提出了新的基于金融高频数据的估计量——已实现波动，使得对于金融高频数据的分析翻开了新的一页。

由于一维的已实现波动是多维金融高频已实现协方差阵的基础，所以在本节的研究中，我们将详细介绍已实现波动理论及其极限性质。在金融市场中不存在风险套利的假定下，金融资产的对数收益率是服从半鞅过程的。假定投资于 h 时段的金融资产的收益率为 $r(t,h) = p(t) - p(t-h)$，其中 h 是大于 0 的，它表示的时间间隔，那么 $r(t,t) = r(t) = p(t) - p(0)$。在介绍已实现波动前，需要引入两个相关的引理（Protter, 1992）。

引理 2-1　在无套利的金融市场上，金融资产价格的对数收益率 $r(t)$ 是一个特殊的半鞅过程，则根据半鞅过程，对数收益率 $r(t)$ 可以分解如下：

$$r(t) = A(t) + M(t) \qquad (2.1)$$

其中，$A(t)$ 是局部可积、可预料的有界变差过程，$M(t)$ 是一局部鞅，$A(0) = M(0) = 0$。式（2.1）所表示的是特殊的半鞅过程，它包括跳跃过程、$I\hat{t}o$ 过程及混合跳跃扩散过程。

引理 2-2　对于无套利价格过程的对数收益率过程 $r(t)$，它的二次变差过程 $\{[r,r]\}_{t \in [0,T]}$ 总是存在的，$r(t)$ 的二次变差过程被定义为：

$$[r,r]_t \equiv r(t)^2 - s\int_0^t r(t_-) d_{r(t)}, r(t) \equiv \lim_{s \to t, s \leqslant t} r(s)。并且二次变差过程满足以下$$

两条性质：

（1）将时间区间 $[0,T]$ 做任意的划分：$0 = \tau_{m,0} \leqslant \tau_{m,1} \leqslant \cdots$，若

$\lim_{m \to \infty} \sup_{j \geqslant 0}(\tau_{m,j+1}, \tau_{m,j}) \to 0, \lim_{m \to \infty} \sup_{j \geqslant 0} \tau_{m,j} \to T$ 都以概率 1 成立，则

$$\lim_{m \to \infty} \left\{ \sum_{j \geqslant 0} [r(t \wedge \tau_{m,j+1}) - r(t \wedge \tau_{m,j})]^2 \right\} \xrightarrow{p} [r,r]_t \qquad (2.2)$$

其中，$t \wedge \tau$ 表示 $\min(t, \tau)$ ，$t \in [0, T]$ ，符号 $\xrightarrow{p}$ 表示依概率收敛。

（2）有界变差过程 $A(t)$ 表示的是所考虑的资产的条件均值的收益率部分，所以在 $A(t)$ 中不存着跳跃，因为跳跃是不可预料的。此时 $[A, A]_t = 0, [A, M]_t = 0$ ，所以有：

$$[r_i, r_j]_t = [M_i, M_j]_t = [M_i^c, M_j^c]_t + \sum_{0 \leq s \leq t} \Delta M_i(s) \times \Delta M_j(s) \quad (2.3)$$

其中，M_i^c 、M_j^c 分别表示的是 M_i 的连续、有界变差部分，$\Delta M_i(s) \equiv M_i(s) - M_i(s_-)$ ，$\Delta M_j(s) \equiv M_j(s) - M_j(s_-)$ 。

式（2.3）中，二次协变差过程可被定义为如下形式：

$$[A, M]_t = A(t) \times M(t) - \int_0^t A(t_-) \mathrm{d}M(t) - \int_0^t M(t_-) \mathrm{d}A(t) \quad (2.4)$$

其中，$A(t_-) \equiv \lim_{s \to t, s \leq t} A(s)$ ，$M(t_-) \equiv \lim_{s \to t, s \leq t} M(s)$ 。

根据引理 2-1 和引理 2-2，可以推导出下述两个与已实现波动率有关的定理（Andersen et al., 2003；徐正国和张世英，2005）。

定理 2-1 在式（2.1）表示的特殊半鞅过程中，若 $[A(s) - A(t)]_{s \in [t, t+h]}$ 这一均值过程在 t 时刻的信息集 Γ_t 的条件下是一个确定函数，则金融资产在 t 时刻至 $t+h$ 时刻的对数收益率的条件方差等于二次变差过程在该时间段上的差的条件期望值，即：

$$\mathrm{Var}(r(t+h, h) \mid \Gamma_t) = E([r, r]_{t+h} - [r, r]_t \mid \Gamma_t) \quad (2.5)$$

定理 2-2 若金融资产的对数收益率 $r(t+h, h) = p(t+h) - p(t)$ 是满足下述方程的 $It\hat{o}$ 过程：

$$r(t+h, h) = \int_0^h u_{t+s} \mathrm{d}s + \int_0^h \sigma_{t+s} \mathrm{d}W(s) \quad (2.6)$$

其中，$t \in [0, T]$ ，并且 t 和 T 都是整数，$W(s)$ 是维纳过程。若把所有 t 至 $t+1$ 时段都分成 n 个时段，则：

$$\lim_{n \to \infty} \sum_{j=1}^{nh} r\left(t + \frac{j}{n}, \frac{1}{n}\right)^2 \xrightarrow{p} \int_0^h \sigma_{t+s}^2 \mathrm{d}s \quad (2.7)$$

通常，我们将 $\int_0^h \sigma_{t+s}^2 \mathrm{d}s$ 称为积分波动（简记为 IV）。则当 h 取值为 1 时，积分波动的表述如下：

$$\mathrm{IV}_t = \int_0^1 \sigma_{t-1+s}^2 \mathrm{d}s \tag{2.8}$$

由推导过程及式（2.7）知 $\sum_{j=1}^{nh} r\left(t + \dfrac{j}{n}, \dfrac{1}{n}\right)^2$ 是依概率收敛于积分波动的。积分波动是基于高频数据的波动率测量方法，将其称之为已实现波动，通常将已实现波动简记为 RV。当 h 取值为 1 时：

$$\mathrm{RV}_t = \sum_{j=1}^{n} r\left(t - 1 + \dfrac{j}{n}, \dfrac{1}{n}\right)^2 \tag{2.9}$$

为了方便，对已实现波动经常作如下的标记：

$$\mathrm{RV}_t = \sum_{j=1}^{n} r_{t-1+j\Delta,\Delta}^2 \quad \text{或} \quad \mathrm{RV}_t = \sum_{j=1}^{n} r_{tj}^2 \tag{2.10}$$

在 SV 和 ARCH 类模型中，它们是根据 t 时刻的信息集去度量 $t+1$ 时刻的波动率的。不同于 SV 和 ARCH 类模型，我们是根据 t 时刻的信息集去度量 t 时刻的波动率，这便将潜在的波动转变成为了可以直接进行观测的过程。

某段时间的已实现波动实际上是将所考虑的该段时间内的收益率的平方进行求和。计算 RV 时，不需要建立模型，也不需要进行复杂的参数估计，计算简便，并且在理想条件下，即当金融市场不存在跳跃及市场微观结构噪声时，所得到的 RV 估计量是积分波动的一致估计量。

2.3.4.2 已实现波动的应用研究

近年来，已有很多学者对 RV 估计方法进行了研究，如有的学者估计了高频数据的 RV，并且通过 RV 对 FTSE-100 指数的 RV 分布的性质进行了推断（Areal and Taylor, 2002）。有的学者则采用抽样频率为 5 min 的标准普尔 100 指数（S&P 100 index）对 RV 进行测算，并对其预测问题进行了详细的讨论（Blair et al., 2001）。有的学者针对如何预测 RV 的问题进行了研究，他们采用的高频数据来自外汇市场，运用该市场上的高频数据对 RV 进行预测研究，对 RV 建立了能够捕捉时间序列的长记忆的向量自回归模型，然后又将其进行了应用来探究该估计量在金融风险管理中的应用效果（Andersen et al., 2003a）。有的学者对 RV 的应用问题进行了研究，将 RV 应用到了资产定价中（Liu, 2003）。有的学者则考虑采用已实现极差波动估计和检验在险价值 VAR，并将其与基于 RV 计算的在险价值进行比较（Shao et al., 2009）。有的学者分析了如何估计具有显著的序列相关的高频数据收益率的 RV，并进一步对 RV 的建模及预测问题进行了研究（Omen, 2001, 2002）。有的学者建立了已实现 Beta 并对其持续性进行了研究（Andersen et al., 2003b）。国内的一些学者也对 RV 展开了一系列研究，有的学者估计了中国股市的高频数据的 RV，并进一步研究了中国股市波动的特征（黄后川和陈浪南，2003）。有的学者对金融高频数据的 RV 建立了自回归移动平均模型，并在此基础上，从条件方差的持续性的角度讨论了条件方差对资产定价模型的影响（唐勇等，2006）。有的学者采用分位点回归模型对 RV 条件下的 CVAR 进行了分析，并采用中国股市的高频数据估计了 RV 条件下的 CVAR，并进一步分析了中国股市的杠杆效应（叶五一和缪柏其，2008）。有的学者采用中国沪深 300 指数的高频数据，分析了 RV 序列的统计特征，并建立了 ARFIMA 模型对 RV 进行预测（吴有英等，2011）。

2.3.4.3　改进的已实现波动

T.G. Andersen 和 T. Bollerslev 提出的 RV 估计量引起了学术界的

广泛关注，越来越多的学者尝试对 RV 估计量进行改进，提高其统计性质，并提出一些改进的 RV 估计方法。有的学者为减小测量误差对波动的影响，对 RV 进行改进，提出了调整的 RV（徐正国和张世英，2005）。有的学者提出了赋权已实现波动解决日历效应，并证明了赋权已实现波动估计量比 RV 估计量更加有效（郭名媛和张世英，2006b）。有的学者在极差理论和 RV 理论的基础上，提出了已实现极差波动估计量（Christensen and Podolskij，2005）。有的学者考虑跳跃对 RV 估计的影响，提出了双幂次变差，并证明了该估计量比 RV 估计量更加有效（Barndorff-Nielsen and Shephard，2004a，2006）。有的学者在考虑旧历效应及极差的影响后，提出了加权已实现极差波动，并证明了该估计量比没有进行加权的已实现极差波动估计量更加有效（唐勇和张世英，2006）。有的学者采用沪深 300 股指期货的高频数据分别估计了 RV 及改进的 RV 估计方法——已实现双幂次波动和已实现极差波动,通过实证分析对这三种收益波动的测度方法进行了比较。有的学者发现改进的已实现波动估计方法要优于已实现波动估计方法（龙瑞等，2011）。在所有的改进已实现波动估计方法中，比较常用的主要包括以下几种。

1. 调整的已实现波动

Andersen 等（2005）从测量误差的角度调整 RV，在他们的研究中，令

$$U_t = \mathrm{RV}_t - \mathrm{IV}_t \qquad (2.11)$$

其中，U_t 是测量总误差，RV_t 表示的是已实现波动，IV_t 表示的是积分波动，它渐进服从标准的正态分布：

$$\varepsilon_t = \frac{U_t}{\sqrt{2\Delta\mathrm{IQ}_t}} \xrightarrow{d} N(0,1) \qquad (2.12)$$

其中，符号 $\Delta = \dfrac{1}{n}$ ，$\mathrm{IQ}_t = \displaystyle\int_0^1 \sigma_s^4 \mathrm{d}s$ 是积分的四次方，但是 IQ_t 并不能被直接观测到，可用 RQ_t 来估计，RQ_t 是已实现四次方：

$$\mathrm{RQ}_t = \frac{1}{3} n \sum_{i=1}^n r_{ti}^4 \qquad (2.13)$$

由 Andersen 等（2005）研究可知：

$$\mathrm{Var}[\mathrm{IV}_t] = \mathrm{Var}[\mathrm{RV}_t] - 2\Delta E[\mathrm{RQ}_t] + o(\Delta) \qquad (2.14)$$

从式（2.14）易见，已实现波动 RV_t 过高的估计了真实的积分波动 IV_t ，因此对已实现波动进行改进，构建了调整的已实现波动 ARV：

$$\mathrm{ARV} = \frac{2\Delta E(\mathrm{RV}_t)E(\mathrm{RQ}_t)}{\mathrm{Var}(\mathrm{RV}_t)} + \frac{\mathrm{Var}(\mathrm{RV}_t) - 2\Delta E(\mathrm{RQ}_t)}{\mathrm{Var}(\mathrm{RV}_t)} \times \mathrm{RV}_t \qquad (2.15)$$

在徐正国（2004）的研究中，已经证明了下述两式的成立：

$$E(\mathrm{ARV}_t) = E(\mathrm{RV}_t) \qquad (2.16)$$

$$\mathrm{Var}(\mathrm{ARV}_t) = \left[\frac{\mathrm{Var}(\mathrm{RV}_t) - 2\Delta E(\mathrm{RQ}_t)}{\mathrm{Var}(\mathrm{RV}_t)} \right]^2 \times \mathrm{Var}(\mathrm{RV}_t) \qquad (2.17)$$

显然，$\mathrm{Var}(\mathrm{ARV}_t) < \mathrm{Var}(\mathrm{RV}_t)$ ，所以在估计真实的积分波动时，调整的已实现波动比已实现波动更加准确。

但是式（2.17）并不是真正意义上的统计量，为此，有学者依然从式（2.12）所示的误差的渐进分布着手，构建了真正有统计意义的调整的已实现波动，对式（2.12）的两端求方差，得到以下的近似关系：

$$\mathrm{Var}(\mathrm{IV}_t) = \mathrm{Var}(\mathrm{RV}_t) - \frac{1}{n} E(2\mathrm{RQ}_t) \qquad (2.18)$$

又令 $\overline{\mathrm{RV}} = \sum_t \mathrm{RV}_t / n, \overline{\mathrm{RQ}} = \sum_t 2\mathrm{RQ}_t / n, \overline{\mathrm{IV}} = \sum_t \mathrm{IV}_t / n$ ，因此，根据式（2.18），可以得到下式：

$$\mathrm{V\hat{a}r}(\mathrm{IV}_t) = \mathrm{V\hat{a}r}(\mathrm{RV}_t) - \frac{\overline{\mathrm{RQ}}}{n} \qquad (2.19)$$

其中，符号 $\hat{\mathrm{Var}}(\cdot)$ 表示方差的估计量。

又因为：$\mathrm{RV}_t = \mathrm{IV}_t + u_t, E(u_t) = 0$，并且 IV_t 与 u_t 不相关，所以可得 $\overline{\mathrm{IV}} = \overline{\mathrm{RV}}$。利用积分波动 IV_t 对已实现波动 RV_t 进行线性回归，可以得到相应的回归系数 a 和 b，其表达式如下：

$$b = \frac{\hat{\mathrm{Cov}}(\mathrm{IV}_t, \mathrm{RV}_t)}{\hat{\mathrm{Var}}(\mathrm{RV}_t)} = \frac{\hat{\mathrm{Cov}}(\mathrm{IV}_t, \mathrm{IV}_t + u_t)}{\hat{\mathrm{Var}}(\mathrm{RV}_t)} = \frac{\hat{\mathrm{Cov}}(\mathrm{IV}_t, \mathrm{IV}_t)}{\hat{\mathrm{Var}}(\mathrm{RV}_t)} = \frac{\hat{\mathrm{Var}}(\mathrm{IV}_t)}{\hat{\mathrm{Var}}(\mathrm{RV}_t)}$$

（2.20）

根据式（2.19），得到：

$$b = \frac{\hat{\mathrm{Var}}(\mathrm{RV}_t) - \dfrac{\overline{\mathrm{RQ}}}{n}}{\hat{\mathrm{Var}}(\mathrm{RV}_t)}$$

（2.21）

计算出 b 后，可以在此基础上得到 a 的表达式：

$$a = \frac{\overline{\mathrm{RQ}} / n \times \overline{\mathrm{RV}}}{\hat{\mathrm{Var}}(\mathrm{RV}_t)}$$

（2.22）

于是，调整的已实现波动 ARV_t 的表达式为：

$$\mathrm{ARV}_t = a + b \times \mathrm{RV}_t = \frac{\overline{\mathrm{RV}} \times \overline{\mathrm{RQ}} / n}{\sum_t (\mathrm{RV}_t - \overline{\mathrm{RV}})^2 / (n-1)}$$
$$+ \left(1 - \frac{\overline{\mathrm{RQ}} / n}{\sum_t (\mathrm{RV}_t - \overline{\mathrm{RV}})^2 / (n-1)} \right) \times \mathrm{RV}_t$$

（2.23）

显然，$\overline{\mathrm{ARV}} = \overline{\mathrm{RV}}$，并且 $\mathrm{Var}(\mathrm{ARV}_t) < \mathrm{Var}(\mathrm{RV}_t)$，所以调整的已实现波动比已实现波动更加有效。

2. 赋权的已实现波动

有学者从日内效应的角度进行考虑，来改进已实现波动，提出了赋权的已实现波动（郭名媛和张世英，2006b），其形式为：

$$\mathrm{WRV}_t = \sum_{n=1}^{N} w_n r_{t,n}^2$$

（2.24）

其中，w_n 为日内收益率平方的权重。

从上式（2.24）中，发现当 $w_n = 1(n = 1, \cdots, N)$ 时，$\text{WRV}_t = \text{RV}_t$。即已实现波动是赋权已实现波动的一个特例，且从无偏性和有效性的角度给出了权重，其形式为

$$w_n = \frac{1}{N\lambda_n} \tag{2.25}$$

取

$$\hat{\lambda}_n = \frac{\sum_t r_{t,n}^2}{\sum_t \sum_{n=1}^N r_{t,n}^2} \tag{2.26}$$

所以有

$$\hat{w}_n = \frac{\sum_t \sum_{n=1}^N r_{t,n}^2}{N \sum_t r_{t,n}^2} \tag{2.27}$$

可见，若 WRV_t 中的权重满足 $w_n = \frac{1}{N\lambda_n}$，则赋权的已实现波动便是金融已实现波动的无偏的估计量，并且该估计量同时也具有方差最小的特性。

3. 双幂次变差估计量

设金融资产的累积收益率为 $\Delta X(t) = X(t) - X(0)$，则 $\Delta X(t)$ 的二次变差为：

$$[\Delta X, \Delta X]_t = \int_0^t \sigma^2(s)\mathrm{d}s + \sum_{0 \leqslant s \leqslant t} K^2(s) \tag{2.28}$$

其中，上式 $\sum_{0 \leqslant s \leqslant t} K^2(s)$ 包含了从零时刻到 t 时刻的跳跃的平方和。如果不对跳跃进行考虑，则二次变差 $\Delta X(t)$ 便变成了积分波动。

在 Barndorff-Nielsen 和 Shephard（2004c, 2006a, 2006b）的研究中，他们提出用 RV 来近似二次变差。

当 $n \to \infty$ 时：

$$RV_t = \sum_{i=1}^{n}(\Delta X_{t,i})^2 \rightarrow \int_0^1 \sigma_{t+s}^2 ds + \int_0^1 K_{t+s}^2 dq(s) \qquad (2.29)$$

可以将双幂次变差 BV 定义为 $\Delta X(t)$ 中的连续成分：

$$BV_t = \frac{\pi}{2}\sum_{i=2}^{n}|\Delta X_{t,i}||\Delta X_{t,i-1}| \rightarrow \int_0^1 \sigma_{t+s}^2 ds \qquad (2.30)$$

将式（2.29）和式（2.30）联立，即可以从二次变差 $\Delta X(t)$ 中将离散跳跃的方差分离出来：

$$RV_t - BV_t \rightarrow \int_0^1 K_{t+s}^2 dq(s) \qquad (2.31)$$

所以，当已实现波动 RV_t 与双幂次变差 BV_t 的差为零时，则对数据价格中不存在着跳跃，否则，当它们之间的差为正时，则认为对数价格过程中存在着跳跃。

本节所述的 RV 及各种改进的 RV 估计方法，不需要建立模型和估计复杂的参数，计算简便，因此得到了广泛的应用。当金融市场上不存在市场微观结构噪声的影响时，无论是 RV 估计量还是改进的 RV 估计量都是无偏的估计量。但是市场微观结构噪声对于波动估计的影响会随着抽样频率的提高而越来越显著，市场微观结构噪声的影响使 RV 不再是积分波动的无偏估计量。此外，在某些情况下，金融资产的价格也会在短时期内发生大幅的波动，从而产生跳跃，跳跃的存在也会对波动估计造成影响。因此，如何在市场微观结构噪声和跳跃存在的情况下估计高频数据的波动是值得我们深入研究的。为降低噪声或跳跃对波动估计的影响，目前，国内外很多学者针对该问题进行了研究，提出了诸多的估计方法。

2.3.5 基于金融高频数据协方差阵的研究

最近 20 年，统计学家对用实时交易数据（高频数据）估计组合协方差阵的方法展开了广泛而深入的研究。RCOV 由于受到市场微观结构噪声的影响，不再是积分协方差阵的一致估计量（Andersen et al.，2003a）。为此，一些学者提出了修正的 RCOV，以消除市场微观结构噪声影响。主要的降噪方法可以归纳为稀疏抽样和平滑降噪两大类，稀疏抽样法虽然降低了市场微观结构噪声的影响，但是该方法是通过降低采样频率实现的，从而损失了很多有用的数据信息。平滑降噪方法是近些年发展起来的，该方法通过对高频数据进行光滑处理，从而降低市场微观结构噪声的影响。

在金融市场上，除了市场微观结构噪声的影响，重大或异常的信息会使资产价格的变化出现大幅的波动即产生跳跃，跳跃对高频协方差阵估计的影响也是不可忽略的。近年来，一些学者已经提出了考虑跳跃影响的高频协方差阵估计方法，比较典型的是：已实现双幂次协方差阵（RBPCOV）估计方法，已实现离群加权协方差阵（ROWCOV）估计方法，以及 thresholdCOV 估计方法，等等。这些方法都在假定资产的对数价格服从含有跳跃的布朗半鞅模型的情况下，考虑如何剔除跳跃对高频协方差阵估计的影响，从而得到更为精确的协方差阵。

综上所述，随着人们对高频数据研究的深入，高频协方差阵的估计方法得到了不断的改进，但是现有的研究要么只考虑了跳跃对协方差阵估计的影响，要么只考虑了噪声的影响。然而现实的金融市场非常复杂，市场微观结构噪声和跳跃往往是同时存在的，只考虑市场微观结构噪声或者是跳跃的影响是片面的，为了更加准确地估计高频数据的协方差阵，需要一个能够同时处理市场微观结构噪声和跳跃影响的估计量，而这还属于一个比较困难的问题，目前的研究文献很少涉及。

2.4 我国研究金融高频数据的必要性

高频数据分析与市场微观结构理论是紧密联系在一起的，它是理解市场微观结构极为有效的手段。较低频数据而言，高频数据包含了更多的信息,并且随着抽样频率的增高,包含的市场信息越丰富。我国加入世界贸易组织后,证券市场的改革步伐逐渐加快,证券市场的微观结构也面临着重大而深刻的变革,随着对市场微观结构理论研究的逐步深入,尤其是对中国证券市场高频数据的研究,无疑将为我国证券市场微观结构的改革提供更加有益的指导。通过对证券高频数据的分析,积极探索我国证券市场交易机制改进之道,有利于提高我国证券市场的竞争力和国际竞争地位,从深层次的角度揭示中国金融市场的性质,对于防范、抵御、减轻金融市场风险具有重要的应用价值和现实意义。

近年来,在西方国家对金融高频数据的分析已成为实业界和学术界的热点和难点问题。现代金融市场发展非常迅速,市场情况瞬息万变,在交易频繁的金融市场上,低频数据损失了很多有用的信息,难以全面地反映市场情况,因而基于低频数据估计得到的协方差阵不够精确。在投资组合和风险管理中,金融资产的协方差阵扮演着重要角色。为了得到更加精确的协方差阵估计量,势必需要对基于高频数据的协方差阵进行研究。在后面的研究中,我们将详细研究金融市场上高频协方差阵的估计问题。

3 常见的高频协方差阵估计方法及其应用

现代金融学常用资产收益的波动衡量投资组合可能的风险，因此，在金融领域里，对于资产波动性的建模、估计及预测是现代金融市场研究的核心内容之一。对于高频数据波动理论的研究，国内主要集中在一维，而对于多维的高频数据波动的估计的研究却并不多见，RCOV 是最常用的衡量多维的高频数据波动的估计量（Andersen et al., 2003a, 2003b）。

高频数据与低频数据的差异不仅仅是抽样频率的不同，更重要的是市场微观结构噪声对数据的影响。在金融市场研究领域里，市场微观结构噪声的影响在低频数据中可以忽略不计，但在高频数据研究中则起着重要的作用。因此，低频领域里的经典的 GARCH 模型已不适合应用于高频数据，如何准确地对高频数据的协方差阵进行估计是一个值得深入研究的问题。

当金融市场上不存在市场微观结构噪声和跳跃时，RCOV 估计量是积分协方差阵的一致估计量，但是当市场微观结构噪声和跳跃存在时，RCOV 估计量将不再是积分协方差阵的一致估计量。如何在市场微观结构噪声和跳跃同时存在时，估计多维的高频数据的波动，仍然是一个难点问题。本章将详细回顾近年来国内外学者提出的多维高频数据波动的估计方法。

3.1 RCOV 估计方法

近年来，随着高频数据可获得性的提高及计算方法的飞速发展，越来越多的学者开始对高频数据进行研究，高频数据提供了关于市场微观结构的大量信息，从而有助于对金融市场的微观结构进行研究。现代投资组合理论大部分是从组合风险控制的角度展开，金融资产的协方差阵扮演着非常重要的角色。由于低频数据抹去了很多有用的信息，使基于低频数据的协方差阵的估计不够理想。RCOV估计方法一经提出便引起了学术界的广泛关注（Andersen et al., 2003a, 2003b）。

RCOV是最常用的估计高频数据协方差阵的方法，在估计RCOV时不需要复杂的参数估计，也不需要建立模型，计算较为简便，可以很好地应用在金融风险管理中。令符号 δ 表示某一交易日内的抽样时间间隔，该交易日内的样本容量为 M，则 $M=[T/\delta]$，当不考虑市场微观结构噪声或跳跃的影响时，RCOV是积分协方差阵的一致估计，RCOV的基本形式为

$$\text{RCOV}_t = \sum_{j=1}^{M} R_{j,t} R'_{j,t} \qquad (3.1)$$

$$R_{jt} = p_{j\delta,t} - p_{(j-1)\delta,t} \qquad (3.2)$$

其中，$p_{j\delta,t}$ 是在第 t 天的 $j\delta$ 时刻的对数价格，$R_{j,t}$ 是第 t 日第 j 个交易时刻的 $N\times1$ 收益向量。RCOV是RV的扩展，当资产的维数 $N=1$ 时，RCOV实际上就是RV；当资产的维数 $N>1$ 时，RCOV的主对角线上的 N 个元素 $\text{RCOV}_t(i,i)$ 实际上就是所考虑的 N 维资产中各个资产的RV，而RCOV副对角线上的元素 $\text{RCV}_t(i,j)$ $(i\neq j)$ 是任意两个资产 i 和 j 之间的RCOV。RCOV的表示如下：

$$\text{RCOV}_t = \begin{bmatrix} \text{RV}_t(1,1) & \cdots & \text{RCV}_t(1,N) \\ \vdots & & \vdots \\ \text{RCV}_t(N,1) & \cdots & \text{RV}_t(N,N) \end{bmatrix}$$

与常见的多元正态分布条件下金融资产的协方差矩阵相似，已实现协方差 $\text{RCV}_t(i,j)$ 同样刻画了 N 维的不同变量之间的关系。假设金融资产的

对数价格服从一个多维的连续时间随机波动扩散过程。即

$$\mathrm{d}p(t) = u(t)\mathrm{d}t + \sigma(t)\mathrm{d}W(t) \tag{3.3}$$

其中，$u(t)$ 为漂移项，是对数价格的 $N \times 1$ 的均值过程；$\sigma(t)$ 为扩散项，是 $N \times N$ 的正定扩散矩阵，并且是严格平稳的；$W(t)$ 过程是一个 N 维的标准的布朗运动过程。Andersen 等（2003a，2003b）通过研究指出：在没有市场微观结构噪声的情况下，根据二次变差的性质和伊藤定理知 RCOV 依概率收敛于积分扩散阵。即在 $[t,t+h]$ 的区间上，

$$\lim_{n\to\infty}\mathrm{RCOV}_t \to \int_0^h \Omega(t+s)\mathrm{d}s \tag{3.4}$$

其中，$\Omega(t) = \sigma(t)\sigma^{\mathrm{T}}(t)$。上式表明，在没有噪声影响的情况下，RCOV 是积分扩散阵的一致估计，并且在抽样频率足够高时，不会存在测量误差。

RCOV 得到普遍的应用，原因有二：首先，RCOV 估计的是金融高频数据的协方差阵，高频数据包含了更加丰富的数据信息，所以基于高频数据的 RCOV 含有更多的市场信息，是金融资产的较为精确的协方差阵估计量。其次，RCOV 不同于多元 GARCH 模型，在计算波动率和相关系数时，RCOV 把参数看作显性的变量，可以直接计算出，而不需要对参数进行估计。

由于上述原因，现有的关于多维的高频数据的研究大多采用 RCOV 估计其协方差阵，并将 RCOV 应用在投资组合中，以计算资产组合的权重。在没有市场微观结构噪声和跳跃影响的情况下，高频数据的 RCOV 是积分协方差阵的一致估计量。但是在复杂的金融市场中，我们所观测到的金融资产的价格往往不是有效的市场价格，现实的金融市场很难满足有效市场的假设,由于种种因素会使观测到的价格包含了市场微观结构噪声的影响,并且金融资产的收益率序列短

期内也有可能发生大幅的波动，即产生跳跃，噪声或跳跃的影响使
RCOV 估计量不再是积分协方差阵（ICOV）的一致估计量。有研究
发现观测到的价格序列中包含市场微观结构噪声时，RCOV 的特殊情
况——已实现方差估计量是有偏的，并且随着抽样频率的增加，市场
微观结构噪声的影响也会越来越严重（Aït-Sahalia et al., 2005；Zhang
et al., 2005）。有研究证明了当市场存在市场微观结构噪声和不同步交
易时，RCOV 不再是积分协方差阵的一致估计量；当抽样时间间隔较
短时，RCOV 主要估计的不是金融资产价格的协方差阵而是市场微观
结构噪声的协方差阵（Zhang, 2006）。

在复杂的金融市场上，除了市场微观结构噪声的影响外，金融资
产的价格在某些情况下会在短时间内发生大幅度的波动，即发生了跳
跃，从而对 RCOV 的估计产生影响。后来有学者研究了跳跃对高频
RCOV 的影响，并提出改进的 RCOV 估计量消除跳跃的影响（Barndorff-
Nielsen and Shephard, 2004a, 2004c；Boudt et al., 2011；Mancini and
Gobbi, 2009）。

为消除市场微观结构噪声和跳跃的影响，近年来一些学者提出
了诸多方法降低噪声和跳跃对于金融高频数据的协方差阵估计的
影响。

3.2   基于市场微观结构噪声的 RCOV 估计方法

T.G. Andersen 和 T. Bollerslev 为金融高频协方差阵的估计做出了
突出贡献，他们提出的 RCOV 引起了学术界的广泛关注。但是随着
学者们对金融高频协方差阵的进一步研究，发现金融市场的有效性很
难满足，当前观测到的价格不是资产的有效价格，而是包含了市场微
观结构噪声影响的价格。在现实的金融市场中，市场微观结构噪声的

存在会导致 RCOV 估计量不再是积分扩散的一致估计量。因此,大量的学者针对如何消除市场微观结构噪声对高频协方差阵的估计进行了研究。

3.2.1 市场微观结构噪声对 RCOV 的影响

金融市场的高频数据不同于低频数据,它包含了丰富的市场微观结构信息,市场微观结构噪声对高频协方差阵的估计有着显著的影响。

令 $S^{(j)}(t)$ 为资产 j 在 t 时刻的有效对数价格,假设 $t \in [0,1]$,资产 j 的价格是一组在离散时刻 $\{t_m^j\}_{m=1}^{M_j}$($0 \leq t_1^j < \cdots < t_{M_j}^j \leq 1$)观测到的价格序列。设观测到的对数价格过程为

$$p_m^{(j)} = s_m^{(j)} + u_m^{(j)}, \quad m = 1, \cdots, M_j \tag{3.5}$$

其中, $s_m^{(j)} = S^{(j)}(t_m^{(j)})$,是有效的对数价格向量; $u_m^{(j)}$ 是影响价格序列的噪声过程。

为便于阐述,以两种资产的情况为例,即 $j \in \{1,2\}$,并将这两个资产的相关系数 ρ_{ij} 简记为 ρ。若在这段时间内的采样次数为 M,则规则的采样间隔 $\Delta = 1/M$。这两个资产的协方差为

$$\mathrm{RC}_M = \sum_{m=1}^{M} r_m^{(1)} r_m^{(2)} \tag{3.6}$$

其中, $r_m^{(j)} = p_m^j - p_{m-1}^j$。

假定以下条件成立:

(1)有效价格过程 S 是一个相关的布朗运动,即 $S^{(j)} = \sigma_j W^{(j)}$,并且 $\mathrm{d}W^{(i)} \mathrm{d}W^{(j)} = \rho_{ij} \mathrm{d}t$。

(2)市场微观结构噪声过程 $u_m^{(j)}$ 与有效价格过程 $s_m^{(j)}$ 是相互独立的。

（3）微观结构噪声过程 $u^{(j)} \sim N(0, \xi_j^2)$。

在市场微观结构噪声不存在的情况下，

$$E(\mathrm{RC}_M) = \rho \sigma_1 \sigma_2 \qquad (3.7)$$

$$V(\mathrm{RC}_M) = M^{-1}(1 + \rho^2)\sigma_1^2 \sigma_2^2 \qquad (3.8)$$

很显然，当 $M \to \infty$ 时，RCV 是无偏和一致的。

当满足假定（3）的微观结构噪声存在时，RCV 仍然是无偏的，但是却不再是一致的估计量，此时，

$$V(\mathrm{RC}_M) = M^{-1}(1 + \rho^2)\sigma_1^2 \sigma_2^2 + 2\sigma_1^2 \xi_2^2 + 2\sigma_2^2 \xi_1^2 + (6M - 2)\xi_1^2 \xi_2^2 \qquad (3.9)$$

显然当市场微观结构噪声存在时，高频数据的 RCOV 不再是积分协方差阵的一致估计量。现实的金融市场很难满足有效市场的假设，所观测到的资产的价格往往不是有效的市场价格，还包含了市场微观结构噪声的影响，并且市场微观结构噪声对于高频协方差阵估计的影响会随着抽样频率的增加而越来越显著，这就为 RCOV 的估计带来了困难。因此，市场微观结构噪声对高频协方差阵估计的影响是不容忽略的。

3.2.2　考虑了市场微观结构噪声影响的 RCOV 估计方法

在现实金融市场中，市场微观结构噪声的存在使 RCOV 不再是积分协方差阵的一致估计量，特别是在采样频率非常高时，RCOV 主要估计的不是金融资产价格的协方差而是市场微观结构噪声的协方差阵。近年来理论界围绕如何降低市场微观结构噪声对高频协方差阵估计的影响，提出了多种修正的 RCOV 估计方法。估计高频协方差阵时，采用的降噪方法可以归纳为稀疏抽样和连续光滑函数两大类。

3.2.2.1 基于稀疏抽样的高频协方差阵估计方法

采样频率较高时，RCV 由于买卖价差会产生向上的偏差，以及由于不同步交易会产生向下的偏差。并且随着抽样频率的提高，RV 和 RCV 的方差会随之减小，但是与此同时市场微观结构噪声对高频协方差阵估计的影响也会越来越显著。因此，在估计金融高频数据的 RCOV 时，研究者需要对方差和偏差进行权衡选取最优的采样频率。

通过选择最优抽样频率减少市场微观结构噪声影响的研究已经有很多，但是大部分是针对单变量的 RV 进行研究的（Andersen et al.，2000b, 2001b, 2003a；Barndorff-Nielsen and Shephard, 2002；Zhang et al., 2005）。有研究通过最小化预测的协方差阵的均方误差选择最优的抽样频率，证明了非同步交易、买卖报价差等是影响抽样频率的关键因素（Maheu and Mccurdy, 2004）。Bandi 和 Russell（2008）通过最小化均方误差（MSE）推导出了计算 RCOV 的最优的抽样频率，认为最优抽样频率会随着时间的改变，而发生相应的变化。有的研究通过比较构建的基于波动择时策略的最优投资组合的表象来选择最优的抽样频率，认为采用 10 min、65 min 等频率估计的协方差阵的效果更好（de Pooter et al., 2008）。国内对于这方面的研究主要是集中于对单变量的研究，有的学者给出了最优抽样频率的定义，并且采用上证综合指数进行了实证分析，发现最优的抽样频率为 10 min（徐正国和张世英，2005）。有的则假定观测到的价格不是有效的价格，还包含了市场微观结构噪声，在此基础上，提出了一类简单容易实施的最优抽样频率确定方法（李胜歌和张世英，2008）。有的研究则将最优采样频率计算的 RCOV 与使用固定采样频率（5 min）计算的 RCOV 应用在投资组合中进行对比分析，发现在均值方差——投资组合的框架下，当采用最优采样频率计算的 RCOV 进行动态资产配置时，可以获得更高的经济收益（姚宁，2010）。

基于稀疏抽样的高频协方差阵估计方法，虽然在一定程度上减少了市场微观结构噪声的影响，但是采样频率的降低，会使数据量丢失增多，损失了很多有用的数据信息，从而使高频协方差阵的估计不够精确。为此，很多学者考虑选择另一类降低市场微观结构噪声的方法——纠偏降噪法。采用纠偏降噪法的主要目的是：降低由于市场微观结构噪声的影响而造成的 RCOV 估计量的偏差，从而在不需要降低采样频率的情况下，得到较为精确的 RCOV 估计值。

3.2.2.2 基于连续光滑函数的高频协方差阵估计方法

连续光滑降噪的方法是近些年发展起来的、比较有效的高频数据的协方差阵估计方法。当金融资产价格只受到市场微观结构噪声的影响时，采用连续光滑降噪方法处理市场微观结构噪声的影响，能够得到稳健的协方差阵估计量，并且该估计量具有最优的收敛速度。常见的基于连续光滑降噪法的高频协方差阵估计方法主要包括以下几种。

1. 基于子抽样方法的——双频已实现协方差阵估计法（TSCOV）

由于稀疏抽样会放弃大量的数据，从而使得信息有所损失。为了解决该问题，Zhang 等（2005）提出子抽样法，该方法不需要抛弃数据，通过高频和低频两个时间尺度计算 RV，故被称为双频已实现波动（TSRV），在市场微观结构噪声存在时，TSRV 是积分波动的无偏估计量。在子抽样的基础上，有学者做了进一步的扩展，介绍了 TSCOV（Zhang, 2011）。为计算 TSCOV，首先需要数据同步化，一般采用刷新时间抽样法（Harris et al., 1995）。假定有两个对数

价格序列 X 和 Y，设 $\varGamma = \{\tau_1, \tau_2, \cdots, \tau_{N_T^X}\}$ 和 $\varTheta = \{\theta_1, \theta_2, \cdots, \theta_{N_T^Y}\}$ 为 X 和 Y 这两个资产的交易时间序列。第一次刷新的时间被定义为第一次所有股票都发生交易的时间，即 $\phi_1 = \max(\tau_1, \theta_1)$。随后的刷新时间被定义为所有股票再一次都发生交易的时间，即 $\phi_{j+1} = \max(\tau_{N_{\phi_j}^X + 1}, \theta_{N_{\phi_j}^Y + 1})$，完整的刷新时间采样序列为 $\varPhi = \{\phi_1, \phi_2, \cdots, \phi_{M_{N+1}}\}$，其中 M_N 是成对的资产回报的总数量，通过刷新时间方案将所有资产交易的过程同步化后，资产 X 和 Y 的采样点被定义为 $t_i = \max\{\tau \in \varGamma : \tau \leqslant \phi_i\}$，$s_i = \max\{\theta \in \varTheta : \theta \leqslant \phi_i\}$。有研究详细地介绍了最初的基于刷新时间方案的整个协方差阵的估计量（Zhang，2011），将其定义为

$$[X, Y]_T = \sum_{i=1}^{M_N} (X_{t_{i+1}} - X_{t_i})(Y_{s_{i+1}} - Y_{s_i}) \qquad （3.10）$$

如果对应的对数价格的改变 $X_{t_{i+1}} - X_{t_i}$ 和 $Y_{t_{i+1}} - Y_{t_i}$ 不同步，则前述的协方差阵估计量是有偏的，这种偏差被称为 Epps 效应（Epps, 1979）。Zhang（2011）为偏差推导出了分析表达式，提出了 TSCOV 估计量，同时消除了 Epps 效应和微观结构噪声的影响。TSCOV 被定义为

$$c_N \left([X, Y]_T^{(K)} - \frac{\bar{n}_K}{\bar{n}_j} [X, Y]_T^{(J)} \right) \qquad （3.11）$$

其中，$[X, Y]_T^{(K)}$ 是平均滞后 K 阶的 RCV：

$$[X, Y]_T^{(K)} = \frac{1}{K} \sum_{i=1}^{M_N - K + 1} (X_{t_{i+K}} - X_{t_i})(Y_{s_{i+K}} - Y_{s_i}) \qquad （3.12）$$

式中，$\bar{n}_K = (M_N - K + 1)/K, \bar{n}_j = (M_N - J + 1)/J, c_N = 1 + o_p(M_N^{-1/6})$，这里选择 $c_N = M_N / ((K - J)\bar{n}_K)$。

当市场上只存在市场微观结构噪声的影响时，TSCOV 是积分协方差阵的一致估计量。TSCOV 估计量是通过子样本区间来平滑降噪，消除市场微观结构噪声对高频协方差阵估计的影响，使协方差阵的估

计更加精确。需要说明的是，采用 TSCOV 估计方法得到的协方差阵不一定是正定的。将该方法用到投资组合时，为了保证协方差阵的正定性，需要采用后面所述的正则化方法对其进行调整。

2. 多元已实现核协方差阵（KCOV）

为了降低市场微观结构噪声对高频协方差阵估计的影响，另外一种高频协方差阵估计方法——KCOV 被提出（Barndorff-Nielsen et al., 2011）。采用该方法估计高频数据的协方差阵时能够减少市场微观结构噪声对协方差阵估计的影响，并且 KCOV 是组合协方差阵的一致估计量。KCOV 的估计过程如下。

采用刷新时间方案将观测变量同步化，假设第一个刷新时间采样点为 RFT_1，依次类推第 $j+1$ 个刷新时间采样点为 RFT_{j+1}，$\text{RFT}_1 = \max(t_1^1, \cdots, t_1^p)$，$\text{RFT}_{j+1} = \arg\min(t_k^{(i)} \mid t_k^{(i)} > \text{RFT}_j, \forall i)$ 则收益率向量为 $x_j = X_{\text{RFT}_j} - X_{\text{RFT}_{j-1}}$，其中 X 为对数价格，$j = 1, 2, \cdots, n$，n 是刷新时间观测点的数目。基于刷新时间方案的 KCOV 为

$$K(X) = \sum_{h=-n}^{n} k\left(\frac{h}{H+1}\right) \Gamma_h \tag{3.13}$$

式（3.13）中的 k 是核函数，Γ_h 是第 h 个核光滑协方差矩阵，并且

$$\Gamma_h = \begin{cases} \sum_{j=|h|+1}^{n} R_j R'_{j-h}, & h \geqslant 0 \\ \sum_{j=|h|+1}^{n} R_{j-h} R'_j, & h < 0 \end{cases} \tag{3.14}$$

窗宽参数 H 的最优化是根据均方误差标准选择的，令 $H^{(i)} = c^* \xi_i^{\frac{4}{5}} n^{\frac{3}{5}}$，其中，$c^* = 3.5134$，$\xi_i^2 = \Omega_{ii} / \sqrt{\text{IQ}_{ii}}$ 表示噪声信号比例，Ω_{ii} 是市场微观结构噪声的方差，$\sqrt{\text{IQ}_{ii}}$ 近似为 $\int_0^1 \Sigma_{ii}(u)\mathrm{d}u$，其中 $\Sigma_{ii}(u)$ 表示第 i 个资产的瞬时方差。全局的窗宽是根据整个资产考虑集选择出来的。在实

际应用中，常用 $\bar{H}$ 作为全局窗宽，其中 $\bar{H} = d^{-1}\sum_{i=1}^{d}H^{(i)}$ 。

KCOV 同 TSCOV 一样，都降低了市场微观结构噪声的影响，但是较 TSCOV 而言，KCOV 保证了估计的协方差阵的正定性，从而可以更好地应用在投资组合中。有的学者采用 KCOV 估计金融资产的协方差阵，从而消除市场微观结构噪声对高频协方差阵的影响，并且为了减少数据量的损失，将分块策略和正则化方法应用到 KCOV 的估计中（Hautsch et al., 2011）。有的研究则将 KCOV 估计量及 RCOV 估计量都应用到投资组合中，通过比较发现，KCOV 估计量的效果要明显优于 RCOV 估计量（马丹和刘丽萍，2012）。

KCOV 主要是通过局部窗宽法对金融资产的收益率序列进行核光滑，经过核光滑处理后的序列包含的市场微观结构噪声大大地减小，因此，当金融市场上只存在市场微观结构噪声的影响时，KCOV 估计量是积分协方差阵的一致估计量。通常 KCOV 是小于 RCOV 的，这是因为 RCOV 直接采用矩估计方法来对高频数据的协方差阵进行估计，没有考虑市场微观结构噪声的影响，尤其是当抽样频率较高时，RCOV 主要估计的是市场微观结构噪声的协方差阵而不是资产有效价格的协方差阵。

3. 基于预平均方法的"修正"的已实现协方差阵（MRCOV）

MRCOV 是基于预平均方法消除微观结构噪声的（Christensen et al., 2010a, 2010b）。该方法根据简单的预平均方法处理微观结构噪声的影响，直观上较容易理解并且容易实现。在采用预平均方法降低市场微观结构噪声的影响时，假定所选择的窗宽为 K，首先将观测到的 n 个资产的价格划分为 M 个区间，然后再计算 M 个区间中每个区间里相隔数目为 K 的资产观测价格的增量平均值（Podolskij and Vetter,

2009a）。后有学者提出了改进的预平均方法，该方法不同于预平均方法，采用移动窗宽取平均值，并且采用的是加权平均法（Jacod et al., 2009）。相比直接取平均值的预平均方法而言，改进的预平均方法提高了高频数据的协方差阵估计量的有效性。

Jacod 等（2009）选择一个自然数序列 k_n，使其满足：

$$k_n = \theta n^{\frac{1}{2}} + o(n^{\frac{1}{4}}) \ \theta > 0 \qquad (3.15)$$

与此同时，考虑一个权重函数 g，g 是定义在区间$[0,1]$上的连续函数，且是分段可微的，并且权重函数 g 满足：

$$g(0)=g(1)=0, \quad \int_0^1 g^2(s)\mathrm{d}s > 0$$

Podolskij 和 Vetter（2009a）建议选择的权重函数为

$$g(x)=\min(x,1-x)$$

另外，与权重函数 g 有关的积分函数定义如下：

$$\phi_1(s) = \int_s^1 g'(u)g'(u-s)\mathrm{d}u, \quad \phi_2(s) = \int_s^1 g(u)g(u-s)\mathrm{d}u$$

$$\psi_1 = \int_0^1 ((g'(s))^2 \mathrm{d}s > 0, \quad \psi_2 = \int_0^1 g^2(s)\mathrm{d}s > 0$$

$$\Phi_{11} = \int_0^1 \phi_1^2(s)\mathrm{d}s, \quad \Phi_{12} = \int_0^1 \phi_1(s)\phi_2(s)\mathrm{d}s, \quad \Phi_{22} = \int_0^1 \phi_2^2(s)\mathrm{d}s$$

设观测到的价格过程为 $Y_t = \tilde{Y}_t + \varepsilon_t$，Jacod 等（2009）给出的基于改进的预平均方法的收益率序列为

$$\bar{Y}_i^n = \sum_{j=1}^{k_n} g\left(\frac{j}{k_n}\right)(Y_{t,i+j} - Y_{t,i+j-1}) \qquad (3.16)$$

$\bar{Y}_i^n$ 是增量 $(Y_{t,i+j} - Y_{t,i+j-1})$ 在局部窗宽 $\left[\dfrac{i}{n}, \dfrac{i+k_n}{n}\right]$ 上的加权平均，由于对对数资产价格做了加权平均，所以市场微观结构噪声对高频协方

差阵估计的影响会减小。

但这些研究都是针对单变量的。MRCOV 估计方法是在前人对单变量研究的基础之上做的多元拓展，但是这个拓展非常具有挑战性，因为较单变量而言，对多变量的研究不仅面临着非同步交易问题，而且还需要保证所得的协方差阵至少为半正定的。

MRCOV 估计方法的本质是对高频回报率进行预平均之后计算资产间的 RCOV，所以观测数据应为同步交易数据。对于非同步交易，与前文描述的一样，首先利用刷新时间方案将数据同步化。基于预平均方法的 MRCOV 定义为

$$\mathrm{MRCOV}[Y]_n = \frac{n}{n-k_n+2} \frac{1}{\psi_2 k_n} \sum_{i=0}^{n-k_n+1} \bar{Y}_i^n (\bar{Y}_i^n)' \qquad (3.17)$$

其中，k_n 是窗宽参数，ψ_2 是权重的函数。上式中矢量积的和即为基于预平均数据的 RCOV，$\bar{Y}_i^n$ 是基于预平均方法的收益率向量，为了使该方法更加直观，下面对 $\bar{Y}_i^n$ 作详细说明：假定 k_n 是一个偶数，令 $\hat{Y}_i^n = \frac{2}{k_n} \sum_{j=0}^{\frac{k_n}{2}-1} Y_{\frac{i+j}{n}}$，$\hat{Y}_i^n$ 是 $\frac{k_n}{2}$ 个 Y 的简单平均。由于采用了预平均方法，使 $\hat{Y}_i^n$ 非常接近于有效价格 X_n^i，则 $\bar{Y}_i^n$ 为

$$\bar{Y}_i^n = \frac{1}{2}\left(\hat{Y}_{i+\frac{k_n}{2}}^n - \hat{Y}_i^n \right) = \frac{1}{k_n}\left(\sum_{j=k_n/2}^{k_n-1} Y_{\frac{i+j}{n}} - \sum_{j=0}^{\frac{k_n}{2}-1} Y_{\frac{i+j}{n}} \right) \qquad (3.18)$$

可见，MRCOV 通过预平均方法减弱了微观结构噪声的影响，从而得到更为精确的高频协方差阵估计量。

本节概述了能够降低市场微观结构噪声影响的高频协方差阵估计方法，该方法是对传统的 RCOV 方法的改进。但是除了市场微观结构噪声的影响，资产的价格可能会在短时期内发生大幅的波动，即所谓的跳跃，跳跃的存在是不容忽视的，它也会对高频协方差阵的估计产生影响。

3.3 考虑跳跃影响的高频协方差阵估计方法

在以往的研究中，通常对金融资产的价格进行严格的假设，假定金融资产的价格具有严格的时间连续性特征，因此，可以采用比较容易处理的连续扩散的过程建立模型，揭示收益率序列的特征，这类模型往往比较灵活。然而，重大或异常的信息会使资产价格的变化出现大幅的波动，收益率序列不再是平稳的。当有跳跃存在时，RCOV 不再是积分协方差阵的一致估计量，在估计高频数据的协方差阵时，若不考虑将跳跃剔除，将难以对高频协方差阵进行准确的估计。随着学者们对金融高频数据的协方差阵研究的深入，近年来一些学者提出了几类考虑跳跃影响的高频协方差阵估计方法。

3.3.1 RBPCOV 估计方法

有学者提出了双幂次变差，并证明了该估计量比 RV 估计量更加有效（Barndorff-Nielsen and Shephard, 2004c）。已实现双幂次变差的提出，为资产收益波动里跳跃成分的测量，提供了一个可行的理论框架。并且在 O.E. Barndorff-Nielsen 和 N. Shephard 的研究中，他们还对单变量的双幂次已实现变差做了扩展，在多变量的情况下，提出了 RBPCOV，归纳了已实现双幂次共变的概念，研究了它的特征，说明了它的用途，推导了它的渐近分布，并且用它检验多元价格过程中的跳跃。

设金融资产的价格 Y 是一个 p 维的向量，即 $Y_t = (Y_{(1)t}, Y_{(2)t}, \cdots, Y_{(p)t})$，$t \geqslant 0$。假设 Y 服从含有有限次跳跃的多元布朗半鞅过程，即

$$Y_t = \int_0^t \alpha_u \mathrm{d}u + \int_0^t \sigma_u \mathrm{d}W_u + \sum_{j=1}^{N_t} C_j \qquad (3.19)$$

其中，α 向量是漂移项，σ 矩阵是扩散矩阵，W 是独立的标准的布朗运动向量，$\int_0^t \sigma_u \mathrm{d}W_u$ 是一个多元随机波动过程。

设 $[Y]$ 是一个 $p \times p$ 的二次变差矩阵过程，则

$$[Y] = p\lim_{n \to \infty} \sum_{j=1}^{n} (Y_{tj} - Y_{tj-1})(Y_{tj} - Y_{tj-1})^{\mathrm{T}} \qquad （3.20）$$

在实际应用中，通常采用滞后阶数为 1 阶的已实现双幂次协方差阵，它是一个 $p \times p$ 的矩阵：

$$[Y] = \begin{bmatrix} \{Y_{(1)}\} & \{Y_{(1)}, Y_{(2)}\} & \cdots & \{Y_{(1)}, Y_{(p)}\} \\ \{Y_{(2)}, Y_{(1)}\} & \{Y_{(2)}\} & \cdots & \{Y_{(2)}, Y_{(p)}\} \\ \vdots & \vdots & & \vdots \\ \{Y_{(p)}, Y_{(1)}\} & \{Y_{(p)}, Y_{(2)}\} & \cdots & \{Y_p\} \end{bmatrix}$$

已实现双幂次协方差阵 $[Y]$ 中元素 $\{Y_m\}(m=1,2,\cdots,p)$ 是双幂次变差，元素 $\{Y_{(l)}, Y_{(k)}\}$ $(l=1,2,\cdots,p; k=1,2,\cdots,p; l \neq k)$ 是双幂次协方差。

由 Barndorff-Nielsen 和 Shephard（2004c）可知

$$\{Y_m\}_t = \frac{\pi}{2} \sum_{i=2}^{n} \left|Y_{t,i} - Y_{t,i-1}\right|\left|Y_{t,i-1} - Y_{t,i-2}\right| \qquad （3.21）$$

令资产的价格对应的收益率向量为 r，则

$$r_{t,i} = Y_{t,i} - Y_{t,i-1}, \quad i = 1,2,\cdots,n \qquad （3.22）$$

即

$$\{Y_m\}_t = \frac{\pi}{2} \sum_{i=2}^{n} \left|r_{t,i}\right|\left|r_{t,i-1}\right| \qquad （3.23）$$

双幂次协方差 $\{Y_{(l)}, Y_{(k)}\} = \frac{1}{4}(\{Y_{(l)} + Y_{(k)}\} - \{Y_{(l)} - Y_{(k)}\})$，由 $\{Y_m\}_t$ 的表达式可知

$$\{Y_{(l)} + Y_{(k)}\} = \frac{\pi}{2} \sum_{i=2}^{n} \left|r_{(l)t,i} + r_{(k)t,i}\right|\left|r_{(l)t,i-1} + r_{(q)t,i-1}\right|, \quad l \neq k$$

$$\{Y_{(l)} - Y_{(k)}\} = \frac{\pi}{2} \sum_{i=2}^{n} \left|r_{(l)t,i} - r_{(k)t,i}\right|\left|r_{(l)t,i-1} - r_{(k)t,i-1}\right|, \quad l \neq k$$

所以

$$\{Y_{(l)},Y_{(k)}\}=\frac{\pi}{8}\left(\sum_{i=2}^{M}|r_{(k)t,i}+r_{(l)t,i}\|r_{(k)t,i-1}+r_{(l)t,i-1}|-|r_{(k)t,i}-r_{(l)t,i}\|r_{(k)t,i-1}-r_{(l)t,i-1}|\right),l\neq k$$

（3.24）

综合式（3.22）和式（3.24），令 $r_{t,i}$ 是一个 $N\times 1$ 的收益率向量，$i=1,\cdots,M$ 是日内收益率的数目。已实现双幂次协方差阵被定义为 t 时刻的 N 维的方阵，则已实现双幂次协方差阵的第 k 行 q 列的元素为

$$RBPCOV[k,q]_{t}=\frac{\pi}{8}\left(\sum_{i=2}^{M}|r_{(k)t,i}+r_{(q)t,i}\|r_{(k)t,i-1}+r_{(q)t,i-1}|-|r_{(k)t,i}-r_{(q)t,i}\|r_{(k)t,i-1}-r_{(q)t,i-1}|\right)$$

（3.25）

其中，$r_{(k)t,i}$ 和 $r_{(q)t,i}$ 分别是收益率向量 $r_{i,t}$ 的第 k 个和第 q 个元素。在资产的价格服从含有有限次跳跃的布朗半鞅模型的情况下，元素 $\frac{\pi}{8}$ 确保 RBPCOV 收敛于积分协方差阵。

RBPCOV 估计量和 RCOV 估计量一样，不需要建立模型，也不需要复杂的参数估计，并且在一定条件下，它是积分协方差阵的一致估计量。Boudt 和 Zhang（2013）采用 RBPCOV 估计量剔除跳跃对高频协方差阵估计的影响。后有学者通过对高频数据进一步处理，提高了 RBPCOV 的估计效率（Mykland et al., 2010）。

RBPCOV 估计量考虑了跳跃对高频协方差阵估计的影响，当市场上存在跳跃时，RBPCOV 估计量比 RCOV 估计量更加有效。但是有研究发现：当样本是有限的，尤其当跳跃影响两个或多个收益时，跳跃使 RBPCOV 不再是无偏的，而是有偏的估计量。并且，RBPCOV 估计量对样本中"0"收益的出现非常敏感（Andersen et al., 2008；Corsi et al., 2009）。在 Andersen 等（2003a）的研究中，他们解释了在应用中大量"0"收益的出现，是因为对离散价格进行四舍五入造

成的。RBPCOV 的另外一个缺点是，在多元的情况下，它不是一个令人完全满意的共同波动估计量，因为它不一定是同变的，并且不一定是半正定的。

3.3.2 ROWCOV 估计方法

为了克服 RBPCOV 的缺点，提高协方差阵的估计效率，ROWCOV 被提出，ROWCOV 估计量实际上是 RCOV 估计方法的加权版本，其中对离群的收益率的权重赋值为 0，该方法并不复杂，容易计算（Boudt et al., 2011）。

假定资产的对数价格过程是服从含有有限次跳跃的布朗半鞅过程，即

$$\mathrm{d}p(s) = u(s)\mathrm{d}s + \Omega(s)\mathrm{d}w(s) + K(s)\mathrm{d}q(s) \tag{3.26}$$

其中，$p(s)$ 是 N 维的对数价格向量，$u(s)$ 是漂移项，是对数价格的 $N \times 1$ 的均值过程；$\Omega(s)$ 是扩散项，是一个 $N \times N$ 的正定扩散矩阵，并且是严格平稳的；$w(s)$ 是一个 N 维的标准布朗运动，$K(s)\mathrm{d}q(s)$ 是跳跃过程对价格扩散过程的影响。

在时间 $[0,1]$ 内的积分协方差阵为

$$\mathrm{ICOV} = \int_0^1 \Sigma(s)\mathrm{d}s \tag{3.27}$$

当有跳跃存在时，RCOV 不再是积分协方差阵的一致估计量，此时：

$$p\lim_{\Delta \to 0} \mathrm{RCOV}_{\Delta} = \mathrm{ICOV} + \sum_{j=1}^{J} k_j k_j^{l} \tag{3.28}$$

当资产的价格受跳跃的影响时，为了得到协方差阵的一致估计量，RBPCOV 估计量被提出（Barndorff-Nielsen and Shephard, 2004c），但是该估计量仍然存在一些缺点。针对该问题，Boudt 等

（2013）提出 ROWCOV，以克服 RBPCOV 的一些缺点。该估计方法容易实现，主要基于以下两个步骤。

第一步，估计局部离群值。假定估计的局部离群值是每天的，即[0,1]时期内的积分协方差阵。首先，需要测量所考虑的资产数据集的每个高频收益率的离群值。假定瞬时波动过程足够的光滑，以致能够准确地计算出在时刻 $(i-1)\Delta$ 的跳跃稳健估计量，将该估计量定义为 $\hat{\Sigma}_{i,\Delta}$。关于该估计量的更多的细节将在第二步给出。假定 $r_{i,\Delta}$ 为多元收益率向量，则离群值为 $d_{i,\Delta}$ 为

$$d_{i,\Delta} = \frac{r_{i,\Delta}' \hat{\Sigma}_{i,\Delta}^{-1} r_{i,\Delta}}{\Delta} \tag{3.29}$$

第二步，计算 ROWCOV。ROWCOV 是 RCOV 的加权版本，将含有高离群值的收益率赋予低的权重。即

$$\text{ROWCOV}_{\Delta} = c_w \sum_{i=1}^{\lfloor 1/\Delta \rfloor} w(d_{i,\Delta}) r_{i,\Delta} r_{i,\Delta}' \tag{3.30}$$

权重函数 w 是处处连续的并且满足函数 $w(z)z$ 是有界的，满足以上两个条件的比较常见的函数包括硬拒绝权重函数 $w_{\text{HR}}(z)$，以及软拒绝权重函数 $w_{\text{SR}}(z)$。

$$w_{\text{HR}}(z) = \begin{cases} 1, & z \leqslant k, \\ 0, & \text{其他,} \end{cases} \qquad w_{\text{SR}}(z) = \min\left\{1, \frac{k}{z}\right\}$$

门限 k 的取值范围为 $0 < k < \infty$，是被选择的调整参数，k 服从自由度为 n，分位数为 β 的 $X_n^2(\beta)$ 分布。

校正系数 c_w 确保 ROWCOV 是积分协方差阵的一致估计量。c_w 依赖于资产的维数 N 及所采用的权重函数。校正系数 c_w 的表达式为

$$c_w = \frac{N}{E[w(z)z]} \tag{3.31}$$

有研究表明当资产的对数价格服从带有有限次跳跃的布朗半鞅模型时，ROWCOV 是积分协方差阵的一致估计量（Andersen et al.,

2008；Corsi et al.，2009）。后有学者采用 ROWCOV 剔除跳跃对高频协方差阵估计的影响，并将其应用效果与 RCOV 进行比较，结果表明 ROWCOV 比 RCOV 更加有效（Lacroix，2011）。

ROWCOV 估计量对资产价格的跳跃是稳定的，并且相比 RBPCOV 而言，ROWCOV 具有更高的统计效率，而且能够保证估计的协方差阵是半正定的。但是 ROWCOV 估计量存在维数诅咒问题。实际上，在收益率向量中，只要其中一个成分被跳跃影响，则该收益率向量被赋的权重为 0。在独立跳跃出现的情况下，并且当考虑的资产数目较多时，将会有大量的收益率向量的权重被赋为 0，这会使样本量减少，从而降低了估计精度。

3.3.3　thresholdCOV 估计方法

有学者提出了基于门限思想的门限已实现波动（TRV）估计方法对 RV 中的跳跃现象进行研究（Mancini and Gobbi，2009），TRV 的表达式为

$$\text{TRV}_t = \sum_{i=1}^{n} |\Delta X_{t,i}|^2 I_{\left\{|\Delta X_{t,i}|^2 \leq \Theta(\delta)\right\}} \rightarrow \int_0^1 \sigma_{t+2}^2 \mathrm{d}s \qquad (3.32)$$

其中，$I_{\{\cdot\}}$ 是示性函数；$\Theta(\delta)$ 是门限函数，δ 表示取样间隔。Mancini 和 Gobbi（2009）针对单变量设置了门限函数以剔除跳跃对 RV 的影响。高频协方差阵在投资组合和风险管理中扮演着重要的角色，如何剔除跳跃对协方差估计的影响是非常值得探讨的问题。

为了剔除跳跃对高频协方差阵估计的影响，thresholdCOV 估计方法被提出（Mancini and Gobbi，2009）。设两个变量的金融资产的对数价格过程为

$$\mathrm{d}X_t^{(1)} = a_t^{(1)}\mathrm{d}t + \sigma_t^{(1)}\mathrm{d}W_t^{(1)} + \mathrm{d}J_t^{(1)} \qquad (3.33)$$

$$dX_t^{(2)} = a_t^{(2)}dt + \sigma_t^{(2)}dW_t^{(2)} + dJ_t^{(2)} \qquad (3.34)$$

对于给定的时间区间 $T < \infty$，$t \in [0,T]$，其中，$W_t^{(2)} = \rho_t W_t^{(1)} + \sqrt{1-\rho_t^2}W_t^{(3)}$；$W^{(1)} = (W_t^{(1)})_{t \in [0,T]}$ 及 $W^{(3)} = (W_t^{(3)})_{t \in [0,T]}$ 是独立的维纳过程；$J^{(1)}$ 和 $J^{(2)}$ 是可能相关的纯跳跃过程。给定离散等距的观测量 $X_{t_j}^{(1)}, X_{t_j}^{(2)}$，$j = 0, \cdots, n$，在时间间隔 $[0,T]$ 中，通常采用 $\sum_{j=1}^{n}(X_{t_j}^{(1)} - X_{t_{j-1}}^{(1)})(X_{t_j}^{(2)} - X_{t_{j-1}}^{(2)})$ 来估计积分协方差 $\int_0^T \rho_t \sigma_t^{(1)} \sigma_t^{(2)}dt$，但是当观测量 $X^{(q)}$ 包含跳跃时，这个估计量是有偏的。为了剔除跳跃的影响，Mancini 和 Gobbi（2009）提出的门限估计量 $\tilde{v}_{1,1}^{(n)}(X^{(1)}, X^{(2)})_T$ 为

$$\tilde{v}_{1,1}^{(n)}(X^{(1)}, X^{(2)})_T = \sum_{j=1}^{n} \Delta_j X^{(1)} I_{(\Delta_j X^{(1)})^2 \le \Theta(\delta)} \Delta_j X^{(2)} I_{(\Delta_j X^{(2)})^2 \le \Theta(\delta)} \qquad (3.35)$$

Mancini 和 Gobbi（2009）认为当 $n \to \infty$ 时，估计量 $\tilde{v}_{1,1}^{(n)}(X^{(1)}, X^{(2)})_T$ 收敛到积分协方差 $\int_0^T \rho_t \sigma_t^{(1)} \sigma_t^{(2)}dt$。而且，跳跃 J^q 为有限次跳跃时，该估计量是渐近高斯的，并且收敛速度为 $\sqrt{h}$，所以它仍然是一致的。

当金融市场上只存在跳跃的影响，市场微观结构噪声可以被忽略，并且跳跃为有限次跳跃时，Mancini 和 Gobbi（2009）证明了 thresholdCOV 估计量是积分协方差阵的一致估计量。该估计量采用单变量跳跃检验法则截断跳跃对高频协方差阵估计的影响，thresholdCOV 克服了 ROWCOV 所存在的维数诅咒问题，当考虑的资产数目较多时，thresholdCOV 估计量仍然是可行的，但是该估计量的缺点是对小的共跳现象是不稳健的。

3.4 金融高频协方差阵在投资组合中的应用情况

近年来，伴随着高频数据可获得性的提高，越来越多的学者提出采用金融高频数据估计不同金融资产之间的协方差阵，并将基于高频

数据的协方差阵应用在投资组合或风险管理中以提高组合效率,减小风险。有的学者在向量自回归的框架下,研究了基于两个汇率间 30 min 回报的每日的 RCV 和 RCOV,但是仅考虑了预测的方差和协方差的统计精度(Andersen et al., 2003a)。有的学者采用抽样频率为 5 min 的金融资产的收益率数据估计金融高频协方差阵,将其应用在投资组合中,通过最优化求解方法来估算资产组合的权数,并指出尽管在估计高频数据的协方差阵时会存在着估计误差,但是基于高频协方差阵的投资组合的风险要低于基于低频协方差阵的投资组合,因此,投资者会更喜欢采用高频协方差阵来构建投资组合(Fleming et al., 2003)。有的学者将基于波动择时策略的 RV 的投资组合与事前有效的静态的投资组合,在一定的时间范围内进行比较,得到了不明确的结论。在一定的时间范围内,将基于每日的数据测量条件协方差阵转换为基于日内回报率测量条件协方差阵的效果不明显(Fleming et al., 2003)。有的学者考虑了市场微观结构噪声对高频协方差阵估计的影响,他们采用标准普尔 100 指数样本股比较基于不同抽样频率估计的高频协方差阵的效果,并将其应用在投资组合中,通过研究发现经降噪处理后的高频协方差阵应用在投资组合时,具有更好的表现,组合风险更小(de Pooter et al., 2008)。有的学者则指出,将高频协方差阵应用在投资组合时,为了能够更好地估算组合权重,需要选择合理的估计方法和预测模型对高频协方差阵进行估计和预测,否则,将会产生较大的偏差,影响所构造的投资组合的有效性(Bandi and Russell, 2008)。

为进一步研究高频协方差阵在投资组合的应用效果,很多学者采用不同的投资策略,对高频协方差阵构造的投资组合进行对比分析,检验在不同的投资策略中,金融高频协方差阵是否能够得到稳定的超额收益。有的学者发现高频协方差阵应用在投资组合中的效果与组合权重更新的频率有关，当资产组合权数的更新频率较快时，较低频数据的协方差阵而言，由高频数据的协方差阵构造的投资组合风险更小。但是当资产组合的权数更新较慢时，即组合的持有周期更长时，高频协方差阵构造的投资组合的投资收益，要低于低频协方差阵构造的投资组合的投资收益，这是因为高频协方差阵构造的投资组合的投资交易成本会明显增加（Liu, 2009）。有学者提出用全距的方法计算高频数据的协方差阵，发现无论投资组合权数的更新频率是日、周，还是月，较低频协方差阵，基于全距方法的协方差阵均具有很好的表现，具有稳定的超额收益（Bannouh et al., 2009）。有的学者指出，采用高频数据计算投资组合的权重时，应该对高频协方差阵进行合理的估计和预测。他们采用分块的 KCOV 对高频协方差阵进行估计，并提出 MSSC 模型对高频协方差阵进行预测，通过研究发现，无论投资组合权重的更新频率是日、周，还是月，基于高频数据的协方差阵应用在投资组合时较低频协方差阵而言均具有更好的表现（Hautsch et al., 2011）。

国内对于高频数据的研究起步较晚，近年来越来越多的国内学者开始对高频数据进行研究，但还不成熟，主要集中在对一维高频数据的研究。而对于多维的高频数据协方差阵的研究还非常少。有学者利用波动择时策略从组合动态调整效率的角度比较两类组合相关性估计模型的应用价值，并且为了获得更可信的实证结论，他们利用 bootstrap 抽样对原始数据进行了模拟。结果表明，基于高频数据的已实现模型对组合进行动态调整时，较静态组合会获得更多的收益，而根据 DCC 模型调整组合反而会有损失，从而说明了 RCOV 模型比 DCC 模型更具有应用价值（张蕊等，2009）。有的学者研究了高频数据下投资组合风险预测模型，对任意两个资产的高频数据建立了 ARMA 模型，并将其与基于低频数据的 DCC 模型进行了对比分析。

但是该研究对高频数据建立的预测模型没有考虑长记忆性,并且没有将其应用投资在组合上,只是做了简单的对比分析(王春峰等,2007)。有的学者使用最优采样频率计算的 RCOV 与使用固定采样频率(5 min)计算的 RCOV,应用在投资组合中进行对比分析,发现在均值-方差投资组合的框架下,将基于最优采样频率计算的 RCOV 进行动态资产配置时,可以获得更高的经济收益,从而说明在高频数据的条件下,考虑市场微观结构噪声对波动性估计的影响是较为重要的(姚宁,2010)。但是该研究没有给出最优采样频率的选择标准和具体数值,也没有考虑采用这种稀疏抽样方法会丢失一部分高频数据信息,使协方差阵的估计不够精确。

可见,国内对于高频协方差阵在投资组合中应用的研究仍然停留在初级阶段。一方面没有考虑如何消除市场微观结构噪声或跳跃对协方差阵的影响,从而得到更加精确的协方差阵估计量;另一方面也没有考虑高频协方差阵预测模型的长记忆性,并且在构造投资组合时,目标函数的选择没有考虑权数的不稳定问题。因此,本书系统全面地对高频协方差阵的估计及其在投资组合中的应用进行研究,为今后的研究奠定了基础。

3.5 本 章 小 结

本章介绍了多维的高频数据波动理论的研究进展,梳理了金融高频协方差阵估计理论。首先,对 Andersen 等(2003a)提出的 RCOV 进行了分析,指出当市场微观结构噪声或跳跃存在时,RCOV 将不再是积分协方差阵的一致估计量。然后,回顾了基于市场微观结构噪声或跳跃的高频数据的协方差阵估计方法,指出考虑市场微观结构噪声或跳跃影响的高频协方差阵往往要比 RCOV 更加精确。最后,对近年来金融高频数据在投资组合中的应用进行了回顾。

　　随着对高频数据的协方差阵研究的不断深入,越来越多的学者开始考虑市场微观结构噪声或跳跃对高频协方差阵估计的影响,他们指出无论是市场微观结构噪声,还是跳跃,都会使 RCOV 不再是积分协方差阵的一致估计量,为此,提出了不同的协方差阵估计方法以降低噪声或跳跃对高频协方差阵的影响。现在大量的对高频数据协方差阵的研究,往往只是片面地考虑微观结构噪声对高频协方差阵的影响,或者只考虑跳跃的影响。在复杂的金融市场上,市场微观结构噪声和跳跃可能是同时存在的,它们都会对高频协方差阵的估计产生影响,但是却少有学者研究二者同时存在时,如何对高频协方差阵进行估计。如何同时处理噪声和跳跃对高频数据的协方差阵估计的影响是一个较为困难的问题,有待学者们进一步的研究。

4 TPCOV 估计方法的提出及其修正

当金融市场上存在市场微观结构噪声和跳跃时,RCOV 不再是积分协方差阵的一致估计量。为了能够准确估计高频协方差阵,很多学者进行了大量研究以提高估计的有效性。现实的金融市场非常复杂,市场微观结构噪声和跳跃往往是同时存在的,现有的研究只考虑市场微观结构噪声或者是跳跃的影响,这往往是片面的,可能难以对金融高频数据的协方差阵进行准确的估计。

为了克服这一难题,本章提出新的高频协方差阵估计量——MTPCOV 估计量,MTPCOV 将预平均方法和门限的思想进行结合,其中,预平均方法可以处理市场微观结构噪声的影响,门限可剔除跳跃的影响,该估计量同时考虑了市场微观结构噪声和跳跃的影响。MTPCOV 的主对角线元素是各个资产的修正的门限预平均已实现波动(MTPRV),副对角线元素是任意的两个资产之间的修正的门限预平均已实现协方差(MTPCV)。马丹和尹优平(2012)提出了 MTPRV,给出了 MTPRV 的极限性质,并指出 MTPRV 是积分波动的一致估计量。本章将讨论 MTPCV 的理论性质,给出它的极限性质,并进一步证明 MTPCV 是积分协方差的一致估计量。由矩阵的收敛定义可知:以收敛于积分波动的 MTPRV 为主对角线元素,以收敛于积分协方差的 MTPCV 为副对角线元素,构造的协方差阵 MTPCOV 是积分协方差阵的一致估计量。

在介绍 MTPCOV 之前,首先回顾预平均协方差阵估计方法,这是因为 MTPCOV 估计量是在其基础之上提出的。

4.1 预平均协方差阵估计方法

在复杂的金融市场中，我们所观测到的金融资产价格往往是被噪声影响的价格，而不是真实的价格。此时，由于 RCOV 没有考虑市场微观结构噪声的影响，因此，RCOV 将不再是积分协方差阵的一致估计量，若仍然采用 RCOV 估计高频数据的协方差阵将会产生偏误。为消除市场微观结构噪声对 RCOV 估计的影响，学者们提出了几种调整的 RCOV 估计方法，比较典型的有基于子抽样方法的 TSCOV 估计量（Zhang，2011），基于核光滑方法的 KCOV 估计方法（Barndorff-Nielsen et al.，2011）。当金融市场上仅存在市场微观结构噪声时，基于子抽样方法的 TSCOV 估计方法和 KCOV 估计方法都是积分协方差阵的一致估计量。除了这两类估计方法外，还有 MRCOV 估计方法，该方法是通过预平均方法降低市场微观结构噪声的影响。基于预平均方法的估计量除了能够消除市场微观结构对高频协方差阵估计的影响，还有另外的优点是比较容易计算，并且意义也较为明确（Christensen et al.，2010a）。

4.1.1 改进的预平均方法

预平均方法的思想是先将观测到的 n 个资产的价格划分为 M 个区间，然后计算 M 个区间中每个区间里相隔数目为 K 的资产观测价格的增量平均值（Podolskij and Vetter，2009a）。预平均方法实际上是一种局部平均法，该方法通过局部平均消除市场微观结构噪声对高频协方差阵估计的影响，并且比较容易计算。但是采用该方法计算时估计量的条件方差会比较大，为了提高高频数据的协方差阵估计量的有效性，Jacod 等（2009）提出改进的方法，该方法不同于预平均方法，采用移动窗宽取平均数，并且采用的是加权平均法。相比直接取平均数的预平均方法而言，改进的预平均方法提高了基于高频数据的协方差阵估计量的有效性。

Jacod 等（2009）选择了一个自然数序列 k_n，并使序列 k_n 满足：

$$k_n = \theta n^{\frac{1}{2}} + o(n^{\frac{1}{4}})， \quad \theta > 0 \qquad (4.1)$$

与此同时，考虑一个权重函数 g，g 是定义在区间[0,1]上的连续函数且是分段可微的。权重函数 g 满足：

$$g(0)=g(1)=0, \quad \int_0^1 g^2(s)\mathrm{d}s > 0$$

根据前人的研究（Podolskij and Vetter，2009b），权重函数为

$$g(x) = \min(x, 1-x)， \quad x \in [0,1]$$

并且与权重函数 g 有关的积分函数定义如下：

$$\phi_1(s) = \int_s^1 g'(u)g'(u-s)\mathrm{d}u， \quad \phi_2(s) = \int_s^1 g(u)g(u-s)\mathrm{d}u$$

$$\psi_1 = \int_0^1 ((g'(s))^2\mathrm{d}s > 0， \quad \psi_2 = \int_0^1 g^2(s)\mathrm{d}s > 0$$

$$\Phi_{11} = \int_0^1 \phi_1^2(s)\mathrm{d}s， \quad \Phi_{12} = \int_0^1 \phi_1(s)\phi_2(s)\mathrm{d}s， \quad \Phi_{22} = \int_0^1 \phi_2^2(s)\mathrm{d}s$$

设金融资产的有效对数价格 X_t 服从连续的随机波动扩散过程，即

$$\mathrm{d}X_t = u(t)\mathrm{d}t + \sigma(t)\mathrm{d}W(t) \qquad (4.2)$$

其中，$u(t)$ 表示资产的对数价格的均值过程，是漂移项；$\sigma(t)$ 表示资产的对数价格的瞬时波动率，是连续随机波动扩散过程的扩散项；$W(t)$ 表示标准的布朗运动。

假定在金融市场上所观测到的价格过程为 $Y_t = X_t + \varepsilon_t$，其中，$X_t$ 是有效对数价格，它满足上式所述的随机扩散过程，ε_t 是市场微观结构噪声。Jacod 等（2009）给出了基于预平均方法的收益率 $\bar{Y}_i^n$，其表达式为

$$\overline{Y}_i^n = \sum_{j=1}^{k_n} g\left(\frac{j}{k_n}\right)(Y_{t,i+j} - Y_{t,i+j-1}) \qquad (4.3)$$

收益率 $\overline{Y}_i^n$ 是观测到的价格增量 $(Y_{t,i+j} - Y_{t,i+j-1})$ 在局部窗宽 $\left[\dfrac{i}{n}, \dfrac{i+k_n}{n}\right]$ 上的加权平均,由于对对数资产价格有加权平均,所以市场微观结构噪声对高频协方差阵估计的影响会减小。

由于资产的有效价格 X 是一个连续的随机过程,ε 满足独立同分布的假定,并且市场微观结构噪声 ε 的期望为 0,因此 $\overline{\varepsilon}_i^n$ 和 $\overline{X}_i^n$ 的阶数为

$$\overline{\varepsilon}_i^n = \sum_{j=1}^{k_n} g\left(\frac{j}{k_n}\right)(\varepsilon_{t,i+j} - \varepsilon_{t,i+j-1}) = O_p\left(\sqrt{\frac{1}{k_n}}\right)$$

$$\overline{X}_i^n = \sum_{j=1}^{k_n} g\left(\frac{j}{k_n}\right)(X_{t,i+j} - X_{t,i+j-1}) = O_p\left(\sqrt{\frac{k_n}{n}}\right)$$

由上述表达式可以看出,$\overline{\varepsilon}_i^n$ 和 $\overline{X}_i^n$ 的阶数都由 k_n 和 n 控制,又结合窗宽 k_n 的表达式(4.1),可以得到基于预平均方法的收益率 $\overline{Y}_i^n$ 的阶数为

$$\overline{Y}_i^n = \overline{X}_i^n + \overline{\varepsilon}_i^n = O_p(n^{-\frac{1}{4}}) \qquad (4.4)$$

有研究给出了基于改进的预平均方法的高频数据的波动估计量 VT_t(Jacod et al., 2009;Hautsch and Podolskij, 2010),其表达式为

$$VT_t = \sum_{i=0}^{n-k_n+1} (\overline{Y}_i^n)^2 \qquad (4.5)$$

很显然,该估计量 VT_t 是将所有的基于预平均方法的收益率 $\overline{Y}_i^n$ 先平方再求和,用它们的平方和估计金融高频数据的波动。与此同时,Jacod 等(2009)进一步探讨了 VT_t 估计量的极限性质,为得到积分波动的一致估计量,他们还对基于改进的预平均方法的高频数据的波

动估计量VT，进行了修正，具体见定理4.1。

定理 4.1　设 $E(\varepsilon^2)$ 是局部有界的，那么有

$$\frac{1}{\theta\psi_2\sqrt{n}}VT_t \xrightarrow{p} \int_0^t \sigma_{ii}^2 \mathrm{d}u + \frac{\psi_1}{\theta^2\psi_2}\int_0^t w_{ii}^2 \mathrm{d}u \qquad (4.6)$$

当市场微观结构噪声存在时，RV 便不再是积分波动的一致估计量，但是，有研究指出（Zhang et al.，2005）：

$$\frac{1}{2n}RV_t \xrightarrow{p} \int_0^t w_{ii}^2 \mathrm{d}u \qquad (4.7)$$

即 RV 乘以常数 $\dfrac{1}{2n}$ 便成了市场微观结构噪声 ε 的方差 w_{ii}^2 的积分一致估计量。由式（4.6）和式（4.7）可得到积分波动的一致估计量为

$$IV_t = \int_0^t \sigma_{ii}^2 \mathrm{d}u = \frac{1}{\theta\psi_2\sqrt{n}}VT_t - \frac{\psi_1}{2n\theta^2\psi_2}RV_t \qquad (4.8)$$

Podolskij 和 Vetter（2009a）最早提出采用预平均方法处理市场微观结构噪声的影响。为使基于高频数据的波动估计量的有效性得到提高，Jacod 等（2009）采用移动窗宽与权重函数对预平均方法进行改进，提出了改进的预平均方法。Hautsch 和 Podolskij（2010）则采用改进的预平均方法处理微观结构噪声对高频数据波动估计的影响，并在此基础上得到了积分波动的一致估计量。该方法包含了带有噪声的积分波动的方法，比如，已实现核估计方法（Hansen and Lunde, 2004, 2006a, 2006b）及子抽样方法（Zhang et al., 2005），都可以被看作是预平均方法的特例。采用改进的预平均方法，得到的积分波动的一致估计量的收敛速度为 $n^{-\frac{1}{4}}$，并且该估计量的条件方差也非常接近最小值的下界。所以采用改进的预平均方法能够较好地处理市场微观结构噪声对高频数据波动估计的影响。

4.1.2 基于预平均方法的 MRCOV 估计法

4.1.1 节主要介绍了改进的预平均方法，给出了基于改进的预平均方法的波动估计量的极限性质，并修正了基于改进的预平均方法的收益率平方和 VT_t，从而得到了积分波动的一致估计量。但是，上述研究主要是基于一维的高频数据的波动估计的研究（Jacod et al.，2009；Hautsch and Podolskij, 2010）。在一维高频数据波动研究的基础上，Christensen 等（2010a）做了多元扩展，提出了 MRCOV 估计方法，该方法是基于改进的预平均方法以消除市场微观结构噪声的影响。基于改进预平均方法的 MRCOV 估计量容易实现且更容易理解。

MRCOV 估计方法的本质是首先对高频收益率进行预平均处理，然后计算资产间的 RCOV，基于预平均方法的 MRCOV 定义为

$$\mathrm{MRCOV}[Y]_n = \frac{n}{n-k_n+2}\frac{1}{\psi_2 k_n}\sum_{i=0}^{n-k_n+1}\overline{Y}_i^n(\overline{Y}_i^n)' \qquad (4.9)$$

其中，k_n 是窗宽参数，ψ_2 是权重的函数。式（4.9）中矢量积的和即为基于预平均数据的 RCOV，$\overline{Y}_i^n$ 是基于预平均方法的金融资产的收益率向量，为了使该方法更加直观，下面对 $\overline{Y}_i^n$ 做一个详细说明：假定 k_n 是一个偶数，令 $\hat{Y}_i^n = \frac{2}{k_n}\sum_{j=0}^{\frac{k_n}{2}-1}Y_{\frac{i+j}{n}}$，$\hat{Y}_i^n$ 是 $\frac{k_n}{2}$ 个资产收益率向量 Y 的简单平均。采用改进的预平均方法，使 $\hat{Y}_i^n$ 非常接近于有效价格 X_n^i，则 $\overline{Y}_i^n$ 为

$$\overline{Y}_i^n = \frac{1}{2}\left(\hat{Y}_{i+\frac{k_n}{2}}^n - \hat{Y}_i^n\right) = \frac{1}{k_n}\left(\sum_{j=k_n/2}^{k_n-1}Y_{\frac{i+j}{n}} - \sum_{j=0}^{\frac{k_n}{2}-1}Y_{\frac{i+j}{n}}\right) \qquad (4.10)$$

可见，修正的已实现协方差阵 $\mathrm{MRCOV}[Y]_n$ 通过预平均方法减少了市场微观结构噪声的影响，但它不一定是积分协方差阵的一致估计量。Christensen 等（2010a）给出了积分协方差的一致估计量。

定理 4.2 假定对于所有的 $j = 1, \cdots, d$，$E(|\varepsilon^j|^4)$ 是有界的，并且 (k_n, θ) 满足式（4.1）。当 $n \to \infty$ 时，有

$$\mathrm{MRCOV}[Y]_n \xrightarrow{\ p\ } \int_0^t \Sigma_s \mathrm{d}s + \frac{\psi_1}{\theta^2 \psi_2} \Psi \tag{4.11}$$

即当市场微观结构噪声存在时，修正的已实现协方差阵 $\mathrm{MRCOV}[Y]_n$ 不是积分协方差阵 $\int_0^t \Sigma_s \mathrm{d}s$ 的一致估计量，偏差依赖于未知的 Ψ。

根据前人的研究（Aït-Sahalia et al., 2005；Bandi and Russell, 2005, 2008），可令

$$\hat{\Psi}_n = \frac{1}{2n} \sum_{i=1}^n \Delta_i^n Y (\Delta_i^n Y)' \tag{4.12}$$

其中，$\Delta_i^n Y$ 为对数价格的收益率向量，且 $\hat{\Psi}_n \xrightarrow{\ p\ } \Psi$，因此：

$$\mathrm{MRCOV}[Y]_n - \frac{\psi_1^{k_n}}{\theta^2 \psi_2^{k_n}} \hat{\Psi}_n \xrightarrow{\ p\ } \int_0^1 \Sigma_s \mathrm{d}s ,$$

即

$$\mathrm{MRCOV}[Y]_n - \frac{\psi_1^{k_n}}{2n\theta^2 \psi_2^{k_n}} \mathrm{RCOV}_t \xrightarrow{\ p\ } \int_0^1 \Sigma_s \mathrm{d}s \tag{4.13}$$

其中，$\mathrm{RCOV}_t = \sum_{i=1}^n \Delta_i^n Y (\Delta_i^n Y)'$。可见，当市场微观结构噪声存在时，积分协方差阵的一致估计量——MPCOV 估计量为

$$\mathrm{MPCOV} = \mathrm{MRCOV}[Y]_n - \frac{\psi_1^{k_n}}{2n\theta^2 \psi_2^{k_n}} \mathrm{RCOV}_t \tag{4.14}$$

MPCOV 是利用改进的预平均方法消除市场微观结构噪声的影响，从而使高频协方差阵的有效性得到了提高。但是，在复杂的金融市场中，往往同时存在着市场微观结构噪声和跳跃的影响，MPCOV 估计量只是考虑了市场微观结构噪声对高频协方差阵估计的影响，却没有考虑跳跃对高频协方差阵的影响。当市场微观结构噪声和跳跃同

时存在时，MPCOV 估计量不再是积分协方差阵的一致估计量，因此有待进一步完善。

4.2 新估计量的提出——TPCOV 及其修正

本节将弥补 MPCOV 估计量的不足，结合预平均方法和门限，提出一个同时考虑市场微观结构噪声和跳跃影响的新的高频协方差阵的估计量——MTPCOV 估计量，并对其极限性质进行探讨。

4.2.1 高频数据的基本设定

近年来，学者们对高频数据进行研究的一个很重要的原因是较低频数据而言，高频数据包含了丰富的数据信息，并且数据中包含的信息会随着采样频率的提高而增加，但是随着采样频率的提高，市场微观结构噪声的影响也会越来越显著。除此之外，金融资产的价格在短期内也有可能发生大幅的波动，即产生跳跃。因此，在高频领域里观测到的价格并不是真实的价格，而是包含市场微观结构噪声和跳跃的价格，假定所观测到的两个资产的对数价格过程是由包含市场微观结构噪声影响的潜在的对数价格过程 $\{Y_t^{(1)}\}$，$\{Y_t^{(2)}\}$ 及跳跃过程 $J_t^{(1)}$，$J_t^{(2)}$ 构成的，即

$$Z_t^{(1)} = Y_t^{(1)} + J_t^{(1)} \qquad (4.15)$$

$$Z_t^{(2)} = Y_t^{(2)} + J_t^{(2)} \qquad (4.16)$$

其中，$J^{(1)}$，$J^{(2)}$ 是有限活动的跳跃过程，即在有限的时间间隔内只发生了有限次的跳跃，在本章中，假设 $J^{(1)}$，$J^{(2)}$ 是复合的泊松过程。潜在的对数价格过程 $\{Y_t^{(1)}\}$，$\{Y_t^{(2)}\}$ 是含有市场微观结构噪声的对数价格，即

$$Y_t^{(1)} = X_t^{(1)} + \varepsilon_t^{(1)} \qquad (4.17)$$

$$Y_t^{(2)} = X_t^{(2)} + \varepsilon_t^{(2)} \qquad (4.18)$$

其中，$X_t^{(1)}$，$X_t^{(2)}$ 是有效的对数价格，由前面的研究可以知道，它满足随机扩散过程，即

$$\begin{pmatrix} \mathrm{d}X_t^{(1)} \\ \mathrm{d}X_t^{(2)} \end{pmatrix} = u_t \mathrm{d}t + \varOmega_t \mathrm{d}W_t \qquad (4.19)$$

其中，u_t 是局部有界的漂移项，W_t 是独立的布朗运动向量，$\varOmega_t$ 是扩散矩阵。$\varepsilon_t^{(1)}$，$\varepsilon_t^{(2)}$ 是市场微观结构噪声，市场微观结构噪声满足独立同分布的假定，即

$$\varepsilon^{(1)} \sim N(0, \sigma_{\varepsilon^{(1)}}^2) \qquad (4.20)$$

$$\varepsilon^{(2)} \sim N(0, \sigma_{\varepsilon^{(2)}}^2) \qquad (4.21)$$

可见所观测到的两个资产的对数价格 $Z^{(1)}$ 和 $Z^{(2)}$ 不是有效的对数价格，同时包含了市场微观结构噪声和跳跃的影响。当估计两个资产 $Z^{(1)}$ 和 $Z^{(2)}$ 在 $[0,T]$ 上的协方差阵时，应该同时考虑如何处理市场微观结构噪声和跳跃的影响，针对该问题就需要提出一个新的协方差阵估计量以估计资产 $Z^{(1)}$ 和 $Z^{(2)}$ 之间的协方差阵。

4.2.2 MTPCOV 的构造形式

MTPCOV 是本书提出的能够同时处理市场微观结构噪声和跳跃影响的估计量，它实际上是一维的 MTPRV。MTPCOV 的主对角线元素是各个资产的 MTPRV，副对角线元素是任意的两个资产之间的 MTPCV，其构造形式如下：

$$\mathrm{MTPCOV} = \begin{bmatrix} \mathrm{MTPRV}_{11} & \cdots & \mathrm{MTPCV}_{1n} \\ \vdots & & \vdots \\ \mathrm{MTPCV}_{n1} & \cdots & \mathrm{MTPRV}_{nn} \end{bmatrix} \qquad (4.22)$$

由矩阵的收敛定义可知：若一个矩阵的每个元素收敛于另一个矩

阵的对应的每个元素，则该矩阵收敛于另一个矩阵。因为 MTPRV 是积分波动（IV）的一致估计量，如果 MTPCV 是积分协方差（ICV）的一致估计量，则以收敛于 IV 的一致估计量为对角线元素，收敛于 ICV 的一致估计量为副对角线元素，重新构造而成的协方差矩阵便是 ICOV 的一致估计量，即

$$\text{MTPCOV} \rightarrow \text{ICOV} = \begin{bmatrix} \text{IV}_{11} & \cdots & \text{ICV}_{1n} \\ \vdots & & \vdots \\ \text{ICV}_{n1} & \cdots & \text{IV}_{nn} \end{bmatrix} \tag{4.23}$$

4.2.3 积分方差的一致估计量——MTPRV

在复杂的金融市场中，人们所观测到的金融资产的价格往往并不是真实的资产价格，而是包含了市场微观结构噪声和跳跃的价格，即观测到的价格过程为

$$Z = Y + J \tag{4.24}$$

其中，Y 是带有噪声的扩散过程，J 表示一个含有有限活动的跳跃过程，即在有限的时间内只发生有限多次的跳跃，要得到金融高频数据的准确波动估计量，需要消除微观结构噪声和跳跃对波动的影响。

MTPRV 估计量的表达式为（马丹和尹优平，2012）：

$$\text{MTPRV}_t = \frac{1}{\theta \psi_2 \sqrt{n}} \text{TPRV}_t - \frac{\psi_1}{2n\theta^2 \psi_2} \text{RV}_t \tag{4.25}$$

其中，MTPRV 估计量 $\text{TPRV}_t = \sum_{i=0}^{n-k_n+1} (\bar{Z}_i^n)^2 I_{\{|\bar{Z}_i^n|^2 \leq \Theta_i\}}$。

由式（4.25）可知，MTPRV 是由预平均部分和门限部分构成的，其中，预平均部分是用来处理市场微观结构噪声的，门限部分是用来处理跳跃的。马丹和尹优平（2012）给出了 MTPRV 的极限性质，并

进一步证明了 MTPRV 是 IV 的一致估计量。

这里采用改进的预平均方法（Jacod et al., 2009）处理微观结构噪声，基于预平均方法的收益率为

$$\bar{Z}_i^n = \sum_{j=1}^{k_n} g\left(\frac{j}{k_n}\right)(Z_{t,i+j} - Z_{t,i+j-1}) \qquad (4.26)$$

其中，自然数序列 k_n 满足：

$$k_n = \theta n^{\frac{1}{2}} + o(n^{\frac{1}{4}}) \qquad (\theta > 0) \qquad (4.27)$$

与此同时考虑权重函数 g，g 是定义在区间$[0,1]$上的连续函数，且是分段可微的，并且权重函数 g 满足：

$$g(0)=g(1)=0, \quad \int_0^1 g^2(s)\mathrm{d}s > 0$$

有学者建议选择的权重函数为（Podolskij and Vetter, 2009a）：

$$g(x) = \min(x, 1-x), \quad x \in [0,1]$$

并且与权重函数 g 有关的积分函数定义如下：

$$\phi_1(s) = \int_s^1 g'(u)g'(u-s)\mathrm{d}u, \quad \phi_2(s) = \int_s^1 g(u)g(u-s)\mathrm{d}u$$

$$\psi_1 = \int_0^1 ((g'(s))^2 \mathrm{d}s > 0, \quad \psi_2 = \int_0^1 g^2(s)\mathrm{d}s > 0$$

$$\Phi_{11} = \int_0^1 \phi_1^2(s)\mathrm{d}s, \quad \Phi_{12} = \int_0^1 \phi_1(s)\phi_2(s)\mathrm{d}s, \quad \Phi_{22} = \int_0^1 \phi_2^2(s)\mathrm{d}s \qquad (4.28)$$

由式（4.25）和式（4.26）即可得到

$$\psi_1 = 1, \quad \psi_2 = \frac{1}{12}$$

$$\Phi_{11} = \frac{1}{6}, \quad \Phi_{12} = \frac{1}{96}, \quad \Phi_{22} = \frac{151}{80640}$$

可见，基于改进的预平均方法的收益率向量 $\bar{Z}_i^n$ 是所观测到的价格增量 $(Z_{t,i+j} - Z_{t,i+j-1})$ 在局部窗宽 $\left[\dfrac{i}{n}, \dfrac{i+k_n}{n}\right]$ 上的加权平均。

Podolskij 和 Vetter（2009b）提出，当市场微观结构噪声和跳跃同时存在时，有

$$\frac{1}{\theta\psi_2\sqrt{n}}\sum_{i=0}^{n-k_n+1}(\bar{Z}_i^n)^2 \xrightarrow{p} \int_0^t \sigma_{it}^2 du + \frac{\psi_1}{\theta^2\psi_2}\int_0^t w_u^2 du + \sum_{0<s\leqslant 1} k^2(s) \quad (4.29)$$

再由定理 4.1 的结论：

$$\frac{1}{\theta\psi_2\sqrt{n}}\sum_{i=0}^{n-k_n+1}(\bar{Y}_i^n)^2 \xrightarrow{p} \int_0^t \sigma_u^2 du + \frac{\psi_1}{\theta^2\psi_2}\int_0^t w_u^2 du$$

因此，

$$\frac{1}{\theta\psi_2\sqrt{n}}\sum_{i=0}^{n-k_n+1}(\bar{Z}_i^n)^2 - \frac{1}{\theta\psi_2\sqrt{n}}\sum_{i=0}^{n-k_n+1}(\bar{Y}_i^n)^2 \xrightarrow{p} \sum_{0<s\leqslant 1} k^2(s) \quad (4.30)$$

式（4.30）说明当有跳跃存在时，基于改进的预平均方法的已实现波动估计量并不能消除跳跃的影响。因此，需要考虑如何消除跳跃对高频数据波动估计的影响。

目前，处理跳跃对高频数据波动影响的方法主要包括双幂次变差和门限方法。这里，我们考虑采用门限的方法处理跳跃。当跳跃存在时，设定一个恰当的门限是非常重要的。当不存在跳跃时，Christensen 等（2010a）给出了 $\bar{Z}_i^n$ 的近似分布，其表达式为

$$n^{\frac{1}{4}}\bar{Z}_i^n \sim N\left(0, \theta\psi_2\sigma_i^2 + \frac{\psi_1}{\theta}w^2\right) \quad (4.31)$$

因此，可以将门限设为

$$\Theta = q_\alpha \times \sqrt{\psi_2^K \sigma^2 \theta + \psi_1^K w^2 \frac{1}{\theta}} \times n^{-\varpi} \quad (4.32)$$

其中，q_α 是正态分布的 α 分位数，w^2 是噪声方差，在本书的研究中参数 α 和 ϖ 的取值分别为 0.99 和 0.25。由 Christensen 等（2010a）的研究知，在门限函数 Θ 的表达式中，参数 w^2，σ^2 的计算公式为

$$w^2 = \frac{1}{2N}\sum_{i=1}^{N}\left|\Delta_i^N Y\right|^2 \quad (4.33)$$

$$\sigma^2 = \frac{N}{N-2K+2}\frac{1}{K\psi_2^K u_1^2}\sum_{i=0}^{N-2K+1}\left|\bar{Y}_i^N\right|\left|\bar{Y}_{i+K}^N\right| - \frac{\psi_1^K}{\theta^2\psi_2^K}w^2 \quad (4.34)$$

当基于改进的预平均方法的收益率 $\bar{Z}_i^n$ 比较小时，可以认为没有跳跃。当 $\bar{Z}_i^n$ 比较大时，则认为其中包括了跳跃，可以利用门限的方法剔除该跳跃点。在 TPRV 估计量的表达式中，$I_{\{\cdot\}}$ 是示性函数，当 $|\bar{Z}_i^n|^2 \leqslant \Theta_i$ 时，示性函数 I 的取值为 1，反之，示性函数 I 的取值为 0。

4.2.4 积分协方差的一致估计量——MTPCV 估计量

4.2.4.1 门限预平均已实现协方差（TPCV）的概念

由于在复杂的金融市场上，存在着市场微观结构噪声和跳跃，为了能够同时消除市场微观结构噪声和跳跃的对高频协方差估计的影响，从而对高频数据的协方差阵进行准确的估计，本节将借鉴预平均方法和门限的思想（Mancin and Gobbi, 2009；Mancini and Renò, 2011；Podolskij and Ziggel, 2010a, 2010b；Corsi et al., 2009），提出一个新的估计量——TPCV 估计量：

$$\text{TPCV}_t = \sum_{i=0}^{n-k_n+1} (\bar{Z}_i^{(1)n}) I_{\{(\bar{Z}_i^{(1)n})^2 \leqslant \Theta_i^{(1)}\}} (\bar{Z}_i^{(2)n}) I_{\{(\bar{Z}_i^{(2)n})^2 \leqslant \Theta_i^{(2)}\}} \qquad (4.35)$$

由 TPCV 估计量的表达式（4.35）知，TPCV 是由预平均部分和门限部分组成的，其中，预平均部分是处理市场微观结构噪声的影响，门限部分则是处理跳跃的影响。

对于市场微观结构噪声部分，这里采用改进的预平均方法减弱市场微观结构噪声的影响，由前面的研究知：基于改进的预平均方法的两个金融资产的收益率向量为

$$\bar{Z}_i^{(1)n} = \sum_{j=1}^{k_n} g\left(\frac{j}{k_n}\right)(Z_{t,i+j}^{(1)} - Z_{t,i+j-1}^{(1)}) \qquad (4.36)$$

$$\bar{Z}_i^{(2)n} = \sum_{j=1}^{k_n} g\left(\frac{j}{k_n}\right)(Z_{t,i+j}^{(2)} - Z_{t,i+j-1}^{(2)}) \tag{4.37}$$

门限的选择非常重要,设定一个恰当的门限能够有效地剔除跳跃对高频协方差阵波动估计的影响,本章采用了 Christensen 等(2010a)采用的门限形式,见式(4.32)。

由于所考虑的资产的协方差是任意两个资产之间的协方差,不同的资产对应的门限值是不同的,对应不同资产的门限表达式为

$$\Theta_i^{(1)} = q_\alpha \times \sqrt{\psi_2^K (\sigma^{(1)})^2 \theta + \psi_1^K (w^{(1)})^2 \frac{1}{\theta} \times n^{-\varpi}} \tag{4.38}$$

$$\Theta_i^{(2)} = q_\alpha \times \sqrt{\psi_2^K (\sigma^{(2)})^2 \theta + \psi_1^K (w^{(2)})^2 \frac{1}{\theta} \times n^{-\varpi}} \tag{4.39}$$

当市场微观结构噪声存在时,有学者提出了修正的已实现协方差阵估计方法,并给出了积分协方差阵的一致估计量(Christensen et al., 2010a),如式(4.14):

$$\text{MRCOV}[Y]_n - \frac{\psi_1^{k_n}}{2n\theta^2 \psi_2^{k_n}} \text{RCOV}_t \xrightarrow{p} \int_0^1 \Sigma_s \mathrm{d}s$$

定义 4.1 设有 $C^{m \times n}$ 中的矩阵序列 $\{A^{(k)}\}$,其中 $A^{(k)} = (a_{ij}^{(k)})_{m \times n}$。若 $\lim\limits_{k \to \infty} a_{ij}^{(k)} = a_{ij}$ ($i = 1, 2, \cdots, j = 1, 2, \cdots$),则称矩阵序列 $\{A^{(k)}\}$ 收敛于 $A = (a_{ij})_{m \times n}$。

由定义 4.1 可以知道,若一个矩阵收敛于另一个矩阵,则该矩阵的每个元素也收敛于另一个矩阵的每个元素。

假设 PCV_t 是基于预平均的协方差阵 $\sum\limits_{i=1}^{n-k_n+1} \bar{Y}_i^n (\bar{Y}_i^n)'$ 的协方差元素,$\int_0^t \rho_t \sigma_t^{(1)} \sigma_t^{(2)} \mathrm{d}t$ 是积分协方差阵 $\int_0^t \Sigma_s \mathrm{d}s$ 的协方差元素,RCV_t 是已实现协方差阵 RCOV_t 的协方差元素。由前面的研究知道,基于预平均方法的修正的已实现协方差阵为

$$\mathrm{MRCOV}[Y]_n = \frac{n}{n-k_n+2}\frac{1}{\psi_2 k_n}\sum_{i=0}^{n-k_n+1}\overline{Y}_i^n(\overline{Y}_i^n)' = \frac{n}{n-k_n+2}\frac{1}{\psi_2 k_n}\mathrm{PCV}_t$$

（4.40）

再由式（4.14）和定义 4.1 得

$$\frac{n}{n-k_n+2}\frac{1}{\psi_2 k_n}\mathrm{PCV}_t \to \int_0^t \rho_t \sigma_t^{(1)}\sigma_t^{(2)}\mathrm{d}t + \frac{\psi_1}{2n\theta^2\psi_2}\mathrm{RCV}_t$$

（4.41）

4.2.4.2 TPCV 的极限性质

为了使 TPCV 估计量更具有说服力，需要对 TPCV 的极限性质进行探讨。

定理 4.3 设观测到的价格过程含有市场微观结构噪声和跳跃，$E(\varepsilon^4)$ 是局部有界的，并且参数 $\Theta_i = \xi_i \vartheta(\delta)$，其中，函数 $\vartheta(\delta)$ 是一个实值函数，满足 $\lim\limits_{\delta\to 0}\vartheta(\delta)=0$ 与 $\lim\limits_{\delta\to 0}\dfrac{\delta^2}{\vartheta(\delta)}=0$，$\xi_i$ 是 $[0,T]$ 上的随机过程，几乎处处有界，且有严格为正的下界，那么，当 $\delta\to 0$ 时，有

$$\frac{n}{n-k_n+2}\frac{1}{\psi_2 k_n}\mathrm{TPCV}_t \to \int_0^t \rho_t \sigma_t^{(1)}\sigma_t^{(2)}\mathrm{d}t + \frac{\psi_1}{2n\theta^2\psi_2}\mathrm{RCV}_t \quad （4.42）$$

其中，TPCV_t 是门限预平均已实现协方差；$\int_0^t \rho_t \sigma_t^{(1)}\sigma_t^{(2)}\mathrm{d}t$ 是积分协方差；RCV_t 是已实现协方差 RCOV_t 的协方差元素。

为便于研究，以两个资产的门限预平均协方差为例。

证明 设两个资产满足如下形式：

$$Z^{(1)} = Y^{(1)} + J^{(1)}$$
$$Z^{(2)} = Y^{(2)} + J^{(2)}$$

其中，$Y^{(1)}$，$Y^{(2)}$ 是带噪声的扩散过程，$J^{(1)}$，$J^{(2)}$ 是跳跃过程。当 $J^{(i)} = 0 (i=1,2)$ 时，观测到的价格过程为 $Z^{(i)} = Y^{(i)} (i=1,2)$，由定理 4.2

和式（4.41）即得式（4.42）。

当有限跳跃过程 J 是一个复合泊松过程，即在有限的时间间隔内，发生的跳跃次数是有限的，由前面可以知道：

$$\text{TPCV}_t = \sum_{i=0}^{n-k_n+1} (\overline{Z}_i^{(1)n}) I_{\{(\overline{Z}_i^{(1)n})^2 \leq \Theta_i^{(1)}\}} (\overline{Z}_i^{(2)n}) I_{\{(\overline{Z}_i^{(2)n})^2 \leq \Theta_i^{(2)}\}}$$

因为 I 是示性函数，当 $|\overline{Z}_i^n|^2 \leq \Theta_i$ 时，示性函数 I 的取值为 1，反之，示性函数 I 的取值为 0。再由 $Z^{(i)} = Y^{(i)} + J^{(i)}$ ($i = 1, 2$)，可以得到所考虑的两个金融资产间的协方差：

$$\text{TPCV}_t = \sum_{i=0}^{n-k_n+1} (\overline{Y}_i^{(1)n})(\overline{Y}_i^{(2)n}) - \sum_{i=0}^{n-k_n+1} I_i^*(\overline{Y}_i^{(1)n}) I_i^*(\overline{Y}_i^{(2)n}) \quad （4.43）$$

当在局部窗宽 $\left[\dfrac{i}{n}, \dfrac{i+k_n}{n}\right]$ 不存在跳跃时，示性函数 I_i^* 的值为 1，否则其取值为 0。

因为 $\overline{Y}_i^{(1)n} = \overline{Y}_i^{(2)n} = O_p(n^{-\frac{1}{4}})$，所以

$$\text{TPCV}_t - \text{PCV}_t = -\sum_{i=0}^{n-k_n+1} I_i^*(\overline{Y}_i^{(1)n}) I_i^*(\overline{Y}_i^{(2)n})$$

$$= O_p(N_i(n^{-\frac{1}{4}})^2)$$

$$= O_p(n^{-\frac{1}{2}})$$

$$= o_p(n^{-\frac{1}{4}})$$

其中，N_i 表示存在跳跃的 $\overline{Z}_i^n$ 有 N_i 个。所以，门限预平均已实现协方差 TPCV_t 与预平均已实现协方差 PCV_t 具有相同的极限和相同的概率分布。因此，当 $\delta \to 0$ 时，有

$$\frac{n}{n-k_n+2} \frac{1}{\psi_2 k_n} \text{TPCV}_t \to \int_0^t \rho_t \sigma_t^{(1)} \sigma_t^{(2)} dt + \frac{\psi_1}{2n\theta^2 \psi_2} \text{RCV}_t \quad （4.44）$$

从定理 4.3 可知，门限预平均已实现协方差 TPCV_t 并没有收敛

于积分协方差 $\int_0^t \rho_t \sigma_t^{(1)} \sigma_t^{(2)} \mathrm{d}t$ ，即 TPCV 估计量并不是积分协方差 $\int_0^t \rho_t \sigma_t^{(1)} \sigma_t^{(2)} \mathrm{d}t$ 的一致估计量，因此还需要对 TPCV_t 进行修正以得到 $\int_0^t \rho_t \sigma_t^{(1)} \sigma_t^{(2)} \mathrm{d}t$ 的一致估计量。令修正的门限预平均已实现协方差估计量 MTPCV_t 为

$$\mathrm{MTPCV}_t = \frac{n}{n - k_n + 2} \frac{1}{\psi_2 k_n} \mathrm{TPCV}_t - \frac{\psi_1}{2n\theta^2 \psi_2} \mathrm{RCV}_t \quad （4.45）$$

由式（4.44）知： $\mathrm{MTPCV}_t \rightarrow \int_0^t \rho_t \sigma_t^{(1)} \sigma_t^{(2)} \mathrm{d}t$ ，即修正的门限预平均协方差 MTPCV_t 是积分协方差的一致估计量。

当市场微观结构噪声和跳跃同时存在时，修正的门限预平均已实现协方差 MTPCV_t 估计量不仅是积分协方差的一致估计量，还可以分别估计跳跃和市场微观结构噪声对高频协方差估计量产生的影响。

假设估计量 CJ_t 和 CN_t 分别为跳跃和市场微观结构噪声对高频协方差阵的估计产生的影响，则

$$\mathrm{CJ}_t = \frac{n}{n - k_n + 2} \frac{1}{\psi_2 k_n} \sum_{i=0}^{n-k_n+1} (\bar{Z}_i^{(1)n}) I_{\left\{ (\bar{Z}_i^{(1)n})^2 \geq \Phi_i^{(1)} \right\}} (\bar{Z}_i^{(2)n}) I_{\left\{ (\bar{Z}_i^{(2)n})^2 \geq \Theta_i^{(2)} \right\}} \quad （4.46）$$

$$\mathrm{CN}_t = \mathrm{RCV}_t - \mathrm{MTPCV}_t - \mathrm{CJ}_t \quad （4.47）$$

通过引入代表跳跃影响的 CJ_t 估计量和代表市场微观结构噪声影响的 CN_t 估计量，可以更好地比较不同的高频协方差估计量消除市场微观结构噪声和跳跃的影响的能力，从而提高基于高频数据的协方差阵估计方法的估计效率。

本节提出了一个新的估计量——MTPCOV 估计量，该估计量将改进的预平均方法和门限的思想相结合以消除市场微观结构噪声和跳跃的影响。MTPCOV 是以 MTPRV 为主对角线元素，以 MTPCV 为副对角线元素而构造成的协方差阵。由马丹和尹优平（2012）的研究可知 MTPRV 是积分波动的一致估计量，而我们也证明了 TPCV 和

预平均已实现协方差（PCV）元素具有相同的极限和概率分布。但是，TPCV 估计量并不是积分协方差的一致估计量，为了得到积分协方差的一致估计量，本章对 TPCV 估计量进行了修正，得到了 MTPCV 估计量，该估计量也是积分协方差的一致估计量。根据定义 4.1 可知，由 MTPRV 估计量和 MTPCV 估计量构造而成的 MTPCOV 是积分协方差阵的一致估计量。

4.3　基于 MTPCV 的模拟研究

对于 MTPCOV 的主对角线元素 MTPRV，马丹和尹优平（2012）证明了其极限性质，指出 MTPRV 是积分波动的一致估计量，并通过模拟研究验证了 MTPRV 估计量要优于其他基于高频数据的波动估计量，该估计量能够有效地处理市场微观结构噪声和跳跃对金融高频数据波动估计的影响。本节将基于随机波动模型产生带有市场微观结构噪声和跳跃的模拟数据，并通过模拟数据验证 MTPCV 估计量是否能较好地估计含有市场微观结构噪声和跳跃的高频数据的协方差。

MTPCV 是由预平均部分和门限部分构成的，当采用预平均方法处理市场微观结构噪声的影响时，便涉及窗宽的选择问题；当采用门限函数剔除跳跃的影响时，便涉及门限函数的选择问题。所以采用 MTPCV 估计量估计模拟数据的协方差阵时，首先需要考虑如何选择合适的窗宽和门限函数。

4.3.1　窗宽及门限函数的选择

由前面的研究可知 MTPCV 的表达式为

$$\text{MTPCV}_t = \frac{n}{n - k_n + 2} \frac{1}{\psi_2 k_n} \text{TPCV}_t - \frac{\psi_1}{2n\theta^2\psi_2} \text{RCV}_t \longrightarrow \int_0^t \rho_t \sigma_t^{(1)} \sigma_t^{(2)} \mathrm{d}t$$

其中，

$$\text{TPCV}_t = \sum_{i=0}^{n-k_n+1} (\overline{Z}_i^{(1)n}) I_{\{(\overline{Z}_i^{(1)n})^2 \leq \Theta_i^{(1)}\}} (\overline{Z}_i^{(2)n}) I_{\{(\overline{Z}_i^{(2)n})^2 \leq \Theta_i^{(2)}\}}$$

$$\overline{Z}_i^{(1)n} = \sum_{j=1}^{k_n} g\left(\frac{j}{k_n}\right)(Z_{t,i+j}^{(1)} - Z_{t,i+j-1}^{(1)}), \quad \overline{Z}_i^{(2)n} = \sum_{j=1}^{k_n} g\left(\frac{j}{k_n}\right)(Z_{t,i+j}^{(2)} - Z_{t,i+j-1}^{(2)})$$

k_n 是选择的窗宽，它是一个自然数序列，满足：

$$k_n = \theta n^{\frac{1}{2}} + o(n^{\frac{1}{4}}) \quad \theta > 0$$

可见，在估计任意两个资产间的 MTPCV 时，涉及窗宽和门限函数，所以在采用 MTPCV 对模拟数据的协方差进行估计时，需要对窗宽和门限函数的选择进行讨论。

4.3.1.1 窗宽的选择

有研究指出基于预平均方法的高频协方差的估计结果受窗宽 k_n 的选择影响（Hautsch and Podolskij, 2010）。当市场上同时存在噪声和跳跃时，为了能够较好地利用 MTPCV 对高频数据的协方差进行估计，需要选择合理的窗宽 k_n。

由于 MTPCOV 是积分协方差的一致估计量，所以，所选择的窗宽 k_n 应该是能使 MTPCV 的估计效果达到最优的窗宽。但是由窗宽 k_n 的表达式可知：要想直接得到 k_n 的取值比较困难，窗宽 k_n 的表达式不够精确。因此，为了选择最优的窗宽 k_n，本节采用数值方法，首先对 k_n 设定一个合理的取值范围，然后在设定的取值范围内进行不断地搜索来寻找最优的窗宽。

如何判断所得到的窗宽是最优窗宽？这需要一个统计量进行评价。由于要估计的是 MTPCV 估计量，所以能够使 MTPCV 估计量的估计效果达到最好的窗宽，便是最优窗宽。

估计值在某种程度上不同于真实值,它们之间总会有难以避免的差异,估计值并不能够将真实值所有的信息反映出来。为了能够精确地对真实值进行估计,即得到较为准确的估计值,就必须使二者之间的差异达到最小。为了能够准确地对估计值和真实值之间的差异进行评价,就需要选择一个合适的统计量衡量二者之间的差异,而平均平方误差(MSE)是估计值和真实值间的误差平方的期望,可以考虑采用该统计量测量估计值与真实值之间的差异。与此同时,MSE 还是估计值与真实值之间的误差的二阶矩,MSE 不仅包含了方差而且还包含了偏差,所以,最小化 MSE 就可以权衡方差和偏差,以取得最优值。

MTPCV 估计量的值与窗宽 k_n 的选择息息相关,选择不同的窗宽 k_n 会得到不同的 MTPCV 的估计值。每一个窗宽都对应于一个 MTPCV 估计值,而 MTPCV 是积分协方差的一致估计量,可以计算出每一个 MTPCV 估计值与积分协方差之间的 MSE。通过比较这些 MSE,找出所计算出的平均平方误差值中最小的 MSE。则最优的窗宽 k_n 就是最小 MSE 所对应的窗宽,即

$$k_t^* = \arg\min_{k_n} \mathrm{MSE} = \arg\min_{k_n} \left(\frac{1}{S} \sum_{t=1}^{S} (\mathrm{MTPCV}_t - \mathrm{ICV}_t)^2 \right) \quad (4.48)$$

其中,ICV_t,MTPCV_t 分别是由第 t 次模拟数据计算得到的积分协方差和 MTPCV 估计量,k_t^* 是第 t 次模拟时的最优窗宽,在每一次模拟中都会得到一个窗宽,使 MSE 最小的窗宽便是最优的窗宽。

4.3.1.2 门限函数的选择

在复杂的金融市场上,资产的价格不一定是有效的市场价格,往往还包含了市场微观结构噪声和跳跃的影响。通过改进的预平均方法进行处理,使市场微观结构噪声对高频协方差的影响大大减小。但是,

并没有消除跳跃对高频协方差估计的影响，因此，还需要考虑如何消除基于改进的预平均方法的收益率向量中所存在的跳跃现象，从而剔除跳跃对协方差估计的影响。MTPCV 估计量在修正的预平均已实现协方差（MPCV）的基础上，加入了门限以剔除跳跃的影响。MTPCV 不仅考虑了市场微观结构噪声的影响，还考虑了跳跃的影响。

选择门限函数是为了识别跳跃是否存在，假设门限函数为 $\Theta_j^{(m)}$（m 为所考虑的资产的数目，$m=1,2,\cdots$），m 取不同的值，即不同的资产对应的门限值不同。在局部窗宽 $\left[\dfrac{i}{n},\dfrac{i+k_n}{n}\right]$ 中，如果 $\left|\bar{Z}_i^{(m)n}\right|^2 \leq \Theta_j^{(m)}$，则认为不存在跳跃，示性函数的取值为 1，将其纳入 MTPCV 的计算中。反之，若 $\left|\bar{Z}_i^{(m)n}\right|^2 \geq \Theta_j^{(m)}$，则认为在该窗宽中存在着跳跃，示性函数的取值为 0，$\left|\bar{Z}_i^{(m)n}\right|^2$ 应被剔除，从而不被纳入 MTPCV 的计算中。可见，门限函数是用来过滤跳跃的，因而门限函数的选择至关重要，选择合理的门限函数能够更好地消除跳跃对高频协方差估计的影响。

当不存在跳跃时，有学者给出了 $\bar{Z}_i^{(m)n}$ 的近似分布（Christensen et al., 2010a），即

$$n^{\frac{1}{4}}\bar{Z}_i^{(m)n} \sim N\left(0,\theta\psi_2(\sigma_i^{(m)})^2+\frac{\psi_1}{\theta}(w^{(m)})^2\right) \tag{4.49}$$

Christensen 等（2010a）将门限函数设为

$$\Theta_i^{(m)} = q_\alpha \times \sqrt{\psi_2^K(\sigma^{(m)})^2\theta+\psi_1^K(w^{(m)})^2\frac{1}{\theta}} \times n^{-\varpi} \tag{4.50}$$

其中，q_α 是正态分布的 α 分位数，$\varpi \in (0,0.25)$。在实际应用中，为了得到门限值，还需要估计出未知参数 σ^2 和 w^2。此外，还需要选择参数 α 和 ϖ。根据 Christensen 等（2010a）的研究，在后面的模拟中，选择 $\alpha=0.99$，$\varpi=0.25$，未知参数 σ^2 和 w^2 的表达式为

$$(w^{(m)})^2 = -\frac{1}{n-1}\sum_{i=2}^{n}\Delta_{i-1}^{n}Z^{(m)}\Delta_{i}^{n}Z^{(m)} \qquad (4.51)$$

$$(\sigma^{(m)})^2 = \frac{n}{n-2k_n+2}\frac{1}{k_n\psi_2 u^2}\sum_{i=0}^{n-2k_n+1}\left|\bar{Z}_i^{(m)n}\right|\left|\bar{Z}_{i+k_n}^{(m)n}\right| - \frac{\psi_1}{\theta^2\psi_2}(w^{(m)})^2 \qquad (4.52)$$

其中，$u^2 = \dfrac{2}{\pi}$。

当基于改进的预平均方法的收益率 $\bar{Z}_i^{(m)n}$ 较小时，可认为其中没有跳跃。当 $\bar{Z}_i^{(m)n}$ 较大时，则认为基于改进的预平均方法的收益率序列中包括了跳跃，此时需要采用门限方法将收益率序列中的跳跃点剔除。在 TPCV 的表达式（4.35）中，$I_{\{\cdot\}}$ 是示性函数，当 $|\bar{Z}_i^{(m)n}|^2 \leqslant \Theta_i^{(m)}$ 时，I 的取值为 1，反之，I 的取值为 0。

4.3.1.3　对比估计量

为进一步分析同时剔除了市场微观结构噪声和跳跃的 MTPCV 估计量的性质，对 MTPCV 的估计效果进行验证，需要将 MTPCV 估计量与其他的积分协方差的估计量进行对比分析。

MPCOV 估计量大大减小了市场微观结构噪声对高频协方差阵估计的影响（Christensen et al., 2010a）。由 MPCOV 的表达式（4.14）和定义 4.1 可得基于预平均方法的已实现协方差估计量，其表达式为

$$\mathrm{MPCV} = \mathrm{MRC}[Y]_n - \frac{\psi_1^{k_n}}{2n\theta^2\psi_2^{k_n}}\mathrm{RCV}_t \qquad (4.53)$$

其中，MRC 是 MRCOV 的协方差元素，RCV 是 RCOV 的协方差元素。Christensen 等（2010a）证明了当只有市场微观结构噪声存在时 MPCOV 是积分协方差阵的一致估计量，此时基于预平均方法的 MPCV 是积分协方差的一致估计量。

已实现双幂次协方差（BPCV）也被提出（Barndorff-Nielsen and Shephard, 2004a），其表达式为

$$\text{BPCV} = \frac{\pi}{8} \left(\sum_{i=2}^{M} \left| r_i^X + r_i^Y \right| \left| r_{i-1}^X + r_{i-1}^Y \right| - \left| r_i^X - r_i^Y \right| \left| r_{i-1}^X - r_{i-1}^Y \right| \right) \quad (4.54)$$

其中，M 是收益率的总数目，r^X，r^Y 是资产 X 和 Y 的对数收益率。Barndorff-Nielsen 和 Shephard（2004a）证明了当只有跳跃存在时，BPCV 是积分协方差的一致估计量。

Zhang 等（2005），Zhang（2011）介绍了 TSCV 估计方法，其表达式为

$$\text{TSCV} = c_N \left([X,Y]_T^{(K)} - \frac{\overline{n}_K}{\overline{n}_j} [X,Y]_T^{(J)} \right) \quad (4.55)$$

其中，$[X,Y]_T^{(K)}$ 是平均滞后 K 阶的已实现协方差：

$$[X,Y]_T^{(K)} = \frac{1}{K} \sum_{i=1}^{M_N - K + 1} (X_{t_{i+K}} - X_{t_i})(Y_{s_{i+K}} - Y_{s_i}) \quad (4.56)$$

当市场上只有微观结构噪声的影响时，该方法能减少微观结构噪声影响，是组合协方差的一致估计。

当市场上不存在市场微观结构噪声和跳跃时，RCV 便是积分协方差的一致估计量：

$$\text{RCOV}_t = \sum_{i=1}^{M} r_{t,i} r'_{t,i} \quad (4.57)$$

需要注意的是，RCV 是协方差阵 RCOV 的协方差元素，即矩阵非对角线上的元素。

在后面的模拟研究中，将采用 MPCV、BPCV、TSCV、RCV 与 MTPCV 估计方法，分别对模拟数据的协方差进行估计，然后将各个估计量的估计效果进行对比分析，最后再对它们的估计效果进行评价。

4.3.2 基于随机波动模型的数据模拟研究

对于 MTPCOV 的主对角线元素 MTPRV，已有学者对其进行了

模拟研究，并通过模拟研究发现 MTPRV 估计量优于其他波动估计量（马丹和尹优平，2012）。这里不再赘述 MTPRV 的模拟过程，只对 MTPCOV 的副对角线元素 MTPCV 进行模拟研究，验证新的估计量 MTPCV 的性质。若 MTPCV 估计量优于其他的协方差估计量，则由 MTPRV 和 MTPCV 构造的协方差阵 MTPCOV 也同样优于其他的高频协方差阵。

4.3.2.1 模拟数据的产生过程

在模拟研究中，本章采用的是随机波动模型产生两个相关的资产 X 和 Y 的对数价格的模拟数据（Barndorff-Nielsen et al., 2011；Christensen et al., 2010a；Boudt and Zhang, 2013）。以下为主要步骤。

（1）根据跳跃扩散模型（Huang and Tauchen，2006），建立二元的带有跳跃的扩散模型，模型的形式为

$$
\left.
\begin{aligned}
\mathrm{d}\tilde{X}_t &= u_X \mathrm{d}t + \gamma_X \sigma_t^X \mathrm{d}B_t^X + \sqrt{1-\gamma_X^2}\,\sigma_t^X \mathrm{d}W_t + \mathrm{d}J_t^X \\
\mathrm{d}\tilde{Y}_t &= u_Y \mathrm{d}t + \gamma_Y \sigma_t^Y \mathrm{d}B_t^Y + \sqrt{1-\gamma_Y^2}\,\sigma_t^Y \mathrm{d}W_t + \mathrm{d}J_t^Y \\
\sigma_t^X &= \exp(\beta_0 + \beta_1 v_t^X), \quad \mathrm{d}v_t^X = \alpha v_t^X \mathrm{d}t + \mathrm{d}B_t^X \\
\sigma_t^Y &= \exp(\beta_0 + \beta_1 v_t^Y), \quad \mathrm{d}v_t^Y = \alpha v_t^Y \mathrm{d}t + \mathrm{d}B_t^Y
\end{aligned}
\right\}
\tag{4.58}
$$

其中，$\tilde{X}_t$，$\tilde{Y}_t$ 是含有跳跃的资产的对数价格，W 是标准的布朗运动。需要说明的是对数价格 $\tilde{X}_t$，$\tilde{Y}_t$ 是相关的，这是因为：$\mathrm{d}W_t$ 是两个对数价格 $\tilde{X}_t$，$\tilde{Y}_t$ 的公共组成部分，它们之间的相关性通过共同的布朗运动 W 体现出来，$\tilde{X}_t$，$\tilde{Y}_t$ 的相关系数为 $\sqrt{1-\gamma_X^2}\sqrt{1-\gamma_Y^2}$（Boudt and Zhang, 2013）。每天的 v_t^X, v_t^Y 的初始值是服从 $N(0,(-2\alpha)^{-1})$ 的正态分布。布朗运动 B_X 与 B_Y 是相互独立的，并且 B_X，B_Y 分别独立于 W，dB_t^X，

dB_t^Y 分别是 $\tilde{X}_t$ ，$\tilde{Y}_t$ 的特质组成部分。

（2）假定两个资产的对数价格受到的市场微观结构噪声的影响分别为 ε_t^X ，ε_t^Y ，$\varepsilon_X \sim N(0, \sigma_{\varepsilon_X}^2)$，$\varepsilon_Y \sim N(0, \sigma_{\varepsilon_Y}^2)$，并且市场微观结构噪声过程 ε_X 和 ε_Y 是独立的。

（3）将市场微观结构噪声 ε_t^X ，ε_t^Y 的影响分别加入含有跳跃的资产的对数价格 $\tilde{X}_t$ ，$\tilde{Y}_t$ 中，得到带有噪声和跳跃的两个资产的对数价格 X_t ，Y_t ，即

$$X_t = \tilde{X}_t + \varepsilon_t^X, \qquad Y_t = \tilde{Y}_t + \varepsilon_t^Y$$

（4）设定模型的参数，将参数分别设定为 $u_X = u_Y = 0$, $\beta_0 = -\dfrac{5}{16}$，$\beta_1 = \dfrac{1}{8}$，$\alpha = -\dfrac{1}{40}$，$\gamma_X = \gamma_Y = -0.3$ ，$\sigma_{\varepsilon_X}^2 = \sigma_{\varepsilon_Y}^2 = 0.001$，跳跃 J 是复合的泊松过程，服从于一个连续的随机分布，跳跃的大小 $\sigma_J^X = \sigma_J^Y = 0.7$ 。

（5）重复（1）～（4）N 次，便得到了 N 次的模拟数据，在本章的模拟研究中 $N=1000$。

根据上述步骤产生模拟数据，利用产生的模拟数据估计 MTPCV，进而验证 MTPCV 的性质，检验同时处理了市场微观结构噪声和跳跃的 MTPCV 估计量的估计效果是否优于其他估计量。

在中国股票交易市场上，每个交易日的开盘时间共有 4 小时，上午的交易时间是从 9：30 至 11：30，下午的交易时间是从 13：00 至 15：00。资产的价格数据的最高采样频率为 1 s，样本容量的不同可能会对各个高频数据协方差估计量的影响不同，为了对其进行比较，我们分别模拟了带有市场微观结构噪声和跳跃的抽样间隔为 1 min，30 s，10 s，5 s 及 1 s 的数据，这些不同的抽样间隔对应的样本容量分别为 240，480，1440，2880 及 14 400。对数据进行模拟时，无论样本容量是多少，都分别模拟 1000 次。

4.3.2.2　数据模拟

图 4.1 是抽样频率为 10 s 的一次模拟，即样本容量为 1440，含有噪声和跳跃的两个资产的对数价格数据。

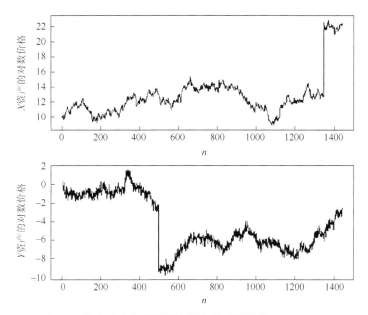

图 4.1　带有噪声和跳跃两个资产的对数价格（$n=1440$）

从图 4.1 不难发现，模拟的样本容量为 1440 的资产的对数价格数据中都含有市场微观结构噪声和跳跃，因此，采用该模拟数据估计高频数据的协方差时，就必须考虑如何消除市场微观结构噪声和跳跃对高频协方差估计的影响，才能够得到积分协方差的一致估计量，可以利用 MTPCV 估计量估计积分协方差。由于 MTPCV 估计量的值与窗宽函数的选择密切相关，所以需要选择合适的窗宽 k_n。本书采用移动窗宽平滑 MTPCV 估计量的噪声，不同的窗宽 k_n 会对应不同的 MTPCV 估计值。

如前面所述，这里采用的是 MSE 作为评价标准来选择最优窗

宽 k_n，但是由窗宽 k_n 的表达式可知：要想直接得到 k_n 的取值比较困难，窗宽 k_n 的表达式不够精确。因此，为了选择最优的窗宽 k_n，采用数值方法，首先对 k_n 设定一个合理的取值范围，然后在设定的取值范围内不断地进行搜索来寻找最优的窗宽。例如，当 $n=240$ 时，设定窗宽 k_n 的取值范围为 $2\sim30$，当 k_n 取不同的值时，与之相对应的 MTPCV 的估计值也不同。这里采用的是 MSE 来衡量 MTPCV 估计值与基于模拟数据的积分协方差 ICV 的差异。由于 MTPCV 估计量与窗宽 k_n 的选择是密切相关的，不同的窗宽对应的 MTPCV 估计值不同，因此，不同的窗宽对应的 MSE 的值也不相同，最优的窗宽应该使 MPCV 与积分协方差之间的差异最小，即 MSE 的值最小。图 4.2 描述的是当模拟数据的样本容量为 $n=240$，即抽样频率为 1 min 时，最优窗宽 k_n 的选择。

从图 4.2 中不难发现，当窗宽 $k_n=15$ 时，所对应的 MTPCV 与积分协方差之间的 MSE 值最小，即对于样本容量为 240 的模拟数据，MTPCV 的最优窗宽为 $k_n=15$。

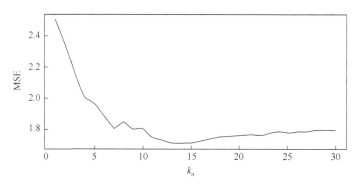

图 4.2　窗宽的选择（$n=240$）

当样本容量分别为 $n=480,1440$ 时，仍然采用 MSE 选择最优窗宽，类似于 $n=240$，最优窗宽的取值范围仍然设定为 $2\sim30$，通过最小的 MSE 选择最优的窗宽，并得到相应的 MTPCV 的估计值。

窗宽的选择过程见图 4.3 和图 4.4。

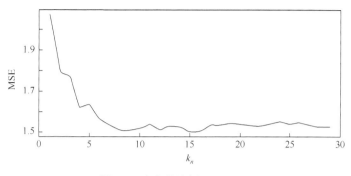

图 4.3　窗宽的选择（$n=480$）

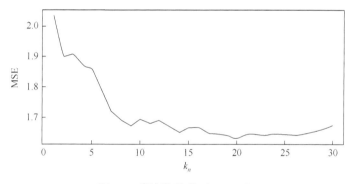

图 4.4　窗宽的选择（$n=1440$）

由图 4.3 和图 4.4 知，当模拟数据的样本容量 n 分别为 480 和 1440 时，所对应的最优窗宽 k_n 分别为 15 和 20。

当抽样频率分别为 5 s、1 s 时，对应的样本容量 n 分别为 2880，14 400，由于样本量较大，若窗宽 k_n 取值仍然与小样本容量时的取值相同则不合理，此时需要增大 k_n 的取值范围，经过实验，可将 k_n 的取值范围设定为 2～50，继而通过寻找 MTPCV 与积分协方差之间最小的 MSE，得到最优的窗宽 k_n，与此同时，最优的窗宽 k_n 所对应的 MTPCV 也是积分协方差的较为精确的估计值，见图 4.5 和图 4.6。

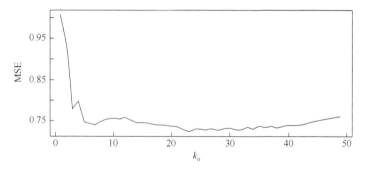

图 4.5 窗宽的选择（n=2880）

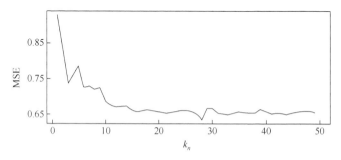

图 4.6 窗宽的选择（n=14400）

由图 4.5 和图 4.6 可知，当模拟数据的样本容量 n 分别为 2880 和 14 400 时，所对应的最优窗宽 k_n 分别为 23 和 28。

在不同的样本容量下，所得到最优窗宽 k_n^* 也是不同的，又 $k_n = \theta n^{\frac{1}{2}} + o(n^{\frac{1}{4}})$，所以不同的最优窗宽 k_n^* 对应的参数 θ^* 也是不同的，表 4.1 给出了不同样本容量下最优窗宽 k_n^* 和 θ^* 的值。

表 4.1 最优窗宽 k_n^*

MTPCV	k_n^*	θ^*
n=240	15	0.968 245 8
n=480	16	0.730 296 7
n=1440	20	0.527 046 3
n=2880	23	0.428 579 7
n=14400	28	0.233 333 3

从表 4.1 可以看出，随着样本容量 n 的增加，为了平滑市场微观结构噪声对 MTPCV 的影响，所选择的最优窗宽在逐渐增加，随着样本容量的增加，参数 θ^* 在逐渐减小。由表 4.1 可以看出，相对于样本容量的增加，最优窗宽 k_n^* 的增幅并不大，当 $n=14400$ 时，其最优窗宽为 28，这说明在实际应用中，不需要太大的窗宽就能够较好地剔除跳跃对高频协方差估计的影响。

表 4.2 对得到的 MTPCV 估计值做了基本的统计分析，表中给出了均值、标准差和中位数三个基本统计量。

表 4.2 MTPCV 统计量的基本描述

样本容量（n）	240	480	1 440	2 880	14 400
均值	0.878 5	0.844 6	0.836 7	0.832 9	0.800 5
标准差	0.734 5	0.621 7	0.513 2	0.509 6	0.498 3
中位数	0.612 5	0.697 4	0.723 6	0.715 3	0.704 2

当模拟数据的样本容量 n 分别为 240，480，1440，2880，14 400 时，所对应的积分协方差序列的均值分别为 0.7748，0.7528，0.7698，0.7711，0.7464。对比表 4.2 中的 MTPCV 的均值，可以得到当样本容量 n 为 240，480，1440，2880，14 400 时，对应的 MTPCV 的均值和积分协方差的均值之差分别为 0.1037，0.0918，0.0669，0.0618，0.0541。随着样本容量的增大，MTPCV 的均值越来越靠近积分协方差序列的均值，MTPCV 的标准差也在不断减小，这说明随着样本容量的增大，MTPCV 估计量的估计效果越来越好，它对高频数据的积分协方差的估计越来越精确。

得到 MTPCV 后，仍然需要验证该估计量是否比其他估计量能够更好地度量积分协方差。为了对不同的高频协方差估计量进行比较，需要选择一些指标作为评价的标准。本章选择了 MSE 和 MAE 作为评价的标准,来度量高频数据的协方差的估计值与积分协方差之间的差异,无论是对于 MSE,还是对于 MAE,其值越小说明估计值和真实值之间的差异越小,估计量对积分协方差的估计效果就越好,结果见表 4.3。

表 4.3 各估计量的评价指标

	n=240		n=480		n=1440		n=2880		n=14400	
	MSE	MAE	MSE	MAE	MSE	MAE	MSE	MAE	MSE	MAE
MTPCV	1.798 83	0.892 89	1.564 10	0.797 09	1.529 22	0.780 49	0.884 24	0.709 66	0.735 99	0.647 40
TSCV	11.312 00	1.915 54	20.719 20	2.817 34	21.566 90	2.843 78	16.534 70	2.542 77	15.892 20	2.342 77
RCV	32.029 80	3.905 50	31.003 70	3.811 70	29.215 90	3.736 18	26.099 80	3.463 40	31.144 40	3.723 80
BPCV	1.881 52	0.773 72	1.858 08	0.752 86	1.950 04	0.774 04	1.320 05	0.684 52	1.763 76	0.746 36

从表 4.3 可以看出,对于评价标准无论是 MSE,还是 MAE,MTPCV 的估计效果都是最好的。BPCV 估计量仅考虑了跳跃对高频已实现协方差估计的影响,却没有考虑市场微观结构噪声的影响,无论是 MSE,还是 MAE,都没有随着样本量的增加而减小,仅当不存在市场微观结构噪声时,BPCV 才是积分协方差阵的一致估计量。TSCV 仅考虑了市场微观结构噪声对高频协方差估计的影响而没有考虑跳跃的影响,所以该估计量的 MSE 和 MAE 值比 MTPCV 的 MSE 和 MAE 值要大很多。RCV 的 MSE 和 MAE 值明显要大于其他估计量的 MSE 和 MAE 值,这是因为该估计量 RCV 既没有考虑市场微观结构噪声对高频协方差估计的影响,又没有考虑跳跃的影响,其估计效果是有限的。随着样本容量的增大,MTPCV 的 MSE 和 MAE 值在逐渐减小,这说明丰富的数据信息使 MTPCV 的估计值越来越精确,考虑市场微观结构噪声和跳跃影响的 MTPCV 逐渐地收敛于积分协方差。

当市场微观结构噪声和跳跃同时存在时,MTPCV 是积分协方差的一致估计量,MTPCV 同时剔除了市场微观结构噪声和跳跃对高频数据协方差估计的影响，所以，MTPCV 可以将跳跃和市场微观结构噪声引起的协方差的变动估计出来。另外，BPCV 考虑了跳跃对高频协方差估计的影响，因此由该估计量可以得到跳跃引起的协方差变动的估计。TSCV 考虑了市场微观结构噪声对高频协方差估计的影响，所以由该估计量则可以得到由市场微观结构噪声引起的协方差的变动的估计，结果见表 4.4。

表 4.4　各估计量的由跳跃、噪声引起的协方差变动的估计结果

		$n=240$	$n=480$	$n=1440$	$n=2880$	$n=14400$
MTPCV	abs（VJ-J）	0.105 251 1	1.723 284 0	3.391 411 0	0.350 360 4	1.070 782 0
MTPCV	abs（VN-N）	0.196 565 1	0.175 314 9	0.085 070 3	0.022 113 5	0.103 927 8
BPCV	abs（VJ-J）	0.623 982 7	2.161 487 0	4.721 728 0	1.035 664 0	1.803 288 0
TSCV	abs（VN-N）	0.413 604 9	0.413 533 6	0.377 970 4	0.137 871 2	0.151 991 6

表 4.4 中，N 是产生的模拟数据中噪声引起的协方差的变动，J 是模拟数据中跳跃引起的协方差的变动，而 VN 是高频协方差估计量估计得到的由市场微观结构噪声引起的协方差的变动，VJ 是高频协方差估计量估计得到的由跳跃引起的协方差的变动，abs（VN-N）表示各个高频协方差估计量估计出来的由噪声引起的协方差的变动与模拟数据中由噪声引起的协方差变动的差的绝对值，abs（VJ-J）表示各个高频协方差估计量估计出来的跳跃引起的协方差的变动与模拟数据中跳跃引起的协方差变动的差的绝对值。abs（VJ-J）和 abs（VN-N）越小，表明该估计量越能够更加准确地剔除跳跃和市场微观结构噪声引起的协方差变动，能够更好地对积分协方差进行估计。

从表 4.4 中可知，无论样本容量是多少，与其他的高频协方差估计量的 abs（VJ-J）和 abs（VN-N）相比，基于市场微观结构噪声和跳跃的 MTPCV 估计量的 abs（VJ-J）及 abs（VN-N）都是最小的，

这说明该估计量能够很好地捕捉市场微观结构噪声和跳跃对高频协方差估计的影响，即它能够更有效地将市场微观结构噪声和跳跃从高频协方差的估计中剔除。BPCV 仅考虑了跳跃的影响，采用 BPCV 估计量估计的高频数据的协方差中可能还包含了噪声的影响。TSCV 没有考虑跳跃对高频协方差的影响，用它估计的高频数据的协方差有可能存在跳跃的影响，因此，采用 BPCV 和 TSCV 估计量估计积分协方差时，误差较大，使它们的估计效果不理想。

总而言之，在所有的比较标准下，MTPCV 估计量与其他的协方差估计量相比都是最优的。马丹和尹优平（2012）提出了能够同时剔除跳跃和噪声的 MTPRV 估计量，证明了该估计量是积分波动的一致估计量，并通过模拟验证了 MTPRV 要优于其他积分波动估计量。这样以 MTPRV 为主对角线元素，以 MTPCV 为副对角线元素构造而成的矩阵即为 MTPCOV，该协方差阵的每个元素都是同时剔除了跳跃和市场微观结构噪声影响的估计量。因此，MTPCOV 是剔除了噪声和跳跃的积分协方差阵的估计量，又因为 MTPCOV 的对角线元素 MTPRV 收敛于积分波动，MTPCOV 的非对角线元素（MTPCV）收敛于积分协方差，则由定义 4.1 可知，MTPCOV 收敛于积分协方差阵。

4.4　本章小结

本章提出了门限预平均协方差阵估计方法并对其进行了修正，得到了新的估计量——MTPCOV 估计量，MTPCOV 估计量结合改进的预平均方法和与门限的思想,可以同时消除噪声和跳跃对高频数据的协方差阵估计的影响。MTPCOV 由主对角线元素（MTPRV）和副对角线元素（MTPCV）组成。

通过模拟研究发现，无论样本容量是多少，新提出的 MTPCV 估计量都要优于 BPCV、TSCV 及 RCV 等估计量。MTPCV 估计量能够有效地将市场微观结构噪声和跳跃从协方差元素的估计中分离出来,计算出跳跃和市场微观结构噪声对协方差估计量产生的影响。并且在估计不同资产间的 MTPCV 时,窗宽的选择对样本容量并不敏感,同时 MTPRV 估计量对于窗宽的选择也不敏感,因此,由它们构造的 MTPCOV,能够较为方便地应用在投资组合中。

5 RnBMTPCOV 的估计

第 4 章介绍了基于市场微观结构噪声和跳跃的 MTPCOV 估计方法，MTPCOV 估计方法可以同时处理噪声和跳跃的影响，是积分协方差阵的一致估计量。通过前面对 MTPCV 的理论证明及模拟分析，发现以 MTPCV 为副对角线元素，以 MTPRV 为主对角线元素构造而成的 MTPCOV 不仅是积分协方差阵的一致估计量，而且与其他估计量相比其估计效果更好。

值得注意的是，在现实的金融市场中，各种金融资产往往并不在统一的时间内进行交易。例如，中国证券市场是一个指令型驱动市场，当买卖报价被交易终端撮合时才能发生交易，买卖报价能否被撮合及随机的撮合时间，使投资者在实时行情中观测到的交易不具有同步性。在数据以日或月等频率采样时，这种时间上的不一致性不会对分析产生影响。但当研究的视角转向交易过程内部资产价格动态变化时，异步交易将导致原本并不相关的资产之间产生某种联系。特别是随着交易频率的增加，会使协方差矩阵中的元素大量为 0，即出现 Epps 效应，这导致直接使用高频数据估计的协方差矩阵是有偏误的（Epps，1979）。

在高频协方差的各类估计方法中，通常将非同步交易问题放在市场微观结构噪声的框架下进行研究，很少对其进行专门的讨论。使用平滑降噪方法估计高频数据的协方差阵时，需要先通过一种"刷新时间采样"技术实现同步交易。"刷新时间采样"的具体方法是：第一个刷新的时间对应着第一次所有股票都发生交易的时间，即截至第一个刷新时间所有的股票都至少发生了一次交易，随后的刷新时间为所有股票再次发生交易的时间,该过程重复进行,直到该时间序列的结束(Harris et al., 1995)。在最近的研究中,有些学者采用刷新时间采样方法估计资产组合的协方差(Aït-Sahalia et al., 2010)。在 TSCOV 的研究中,Zhang(2011)使用刷新时间采样的方法得到同时交易的样本。刷新时间采样是一种直观的、简单易操作的数据处理方法,但是在交易频率很高的情况下,组合中的金融资产同时交易的时间并不多,用刷新时间采样意味着会损失大量的数据信息。尤其是当资产的维度较高,而不同金融资产的日内交易频率又存在较大差异时,采用刷新时间采样会使协方差阵的估计效率很低(Rosenthal and Zhang, 2011)。特别是在 2006~2010 年,中国证券市场几乎所有的股票均进行了股权分置改革,由于每个股票的股改时间并不一样,当计算协方差矩阵时,通常会将因股改或者其他原因停止交易的时段剔除。若再用"刷新时间采样"方法得到每个交易日内的共同交易,将使样本量进一步减少,并且随着组合中资产数量的增加,样本量会快速降低。大量缺失数据的存在,需要对高频协方差矩阵的一些估计问题进行重新审视,其中一个很重要的问题就是如何提高高频数据的利用效率。

从金融市场交易组织行为和交易过程内在机理的角度,金融资产的交易速度与流动性具有密切关系,是反映流动性的重要纬度(苏冬蔚和麦元勋,2004)。金融资产按照流动性分类后再计算协方差阵,可能是一种减少数据信息损失的有效方法。本章使用一种基于流动性分块的策略对协方差阵估计法进行调整,挖掘高频数据中的信息,提高高频协方差阵的估计效率。以 MTPCOV 为例,其基本思路是:按照流动性对金融资产进行分组,分别估计各组资产的 MTPCOV,然后以一系列小块的 MTPCOV 构造整个组合的 MTPCOV。这样的方法能够减少数据的损失,因为每一块都采用 MTPCOV 方法进行估计，所以其理论性质是不变的。但存在的问题是，基于分块策略的协方差矩阵与 MTPCOV 的估计一样，不能够保证估计得到的协方差阵具有正定性。即使得到的每小块协方差阵都是正定的，由一系列小块协方差阵重组得到的组合协方差阵也不一定是正定的。协方差矩阵的正定性是一个很重要的理论性质。例如，使用协方差矩阵进行组合选择或者风险管理时，如果协方差矩阵不具有正定性，组合优化问题将变得非常困难。为了确保协方差阵的正定性，可考虑采用特征值处理法对估计的高频协方差矩阵进行校正。

5.1 基于刷新时间方案的 MTPCOV 的数据损失分析

5.1.1 刷新时间方案

估计金融资产的协方差阵时，首先应该对高频数据进行同步化处理。近年来，越来越多的学者开始研究如何处理资产的非同步交易问题（Hayashi and Yoshida, 2005；Voev and Lunde, 2007；Large, 2007）。本章采用刷新时间方案将数据进行同步化处理（Harris et al., 1995）。

假定刷新时间为 t，$t \in [0,1]$。第一个刷新的时间定义为 $\tau_1 = \max(t_1^{(1)}, \cdots, t_1^{(d)})$，随后的刷新时间被定义为

$$\tau_{j+1} = \max(t_{N_{\tau_j}^{(1)}+1}^{(1)}, \cdots, t_{N_{\tau_j}^{(d)}+1}^{(d)})$$

令经过刷新时间方案处理后数据的样本量为 N，第 i 个资产的交易次数为 $n^{(i)}$。τ_1 是第一次所有的资产都发生了交易的时间，即截至 τ_1 时刻所有的资产都至少发生了一次交易。τ_2 是第二个刷新时间，是所有资产第二次发生交易的时间，截至此刻，所有的资产又至少发生了一次交易。以此类推，直到时间序列的结束。以资产的数目 $d=3$

为例，图 5.1 详细说明了刷新时间方案的全过程。

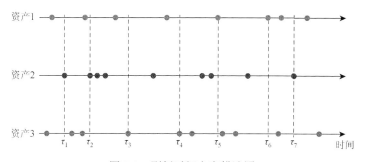

图 5.1 刷新时间方案描述图

资料来源： （Barndorff-Nielsen et al., 2011）

图 5.1 描述了三种资产情况下的刷新时间方案，其中圆点代表时间，$\{t_j^{(i)}\}$，$\{t_j^{(i)}\}$ 是第 i 个资产发生交易的时间，垂直线代表的是对这三个资产使用刷新时间方案进行同步化处理而产生的抽样时间。从图 5.1 中不难发现，该例中，第一个资产发生交易的次数，即样本量 $n^{(1)}=8$，第二个资产的样本量 $n^{(2)}=9$，第三个资产的样本量 $n^{(3)}=10$，采用刷新时间方案后，刷新时间的样本量 N=7。刷新时间方案用于处理非同步交易数据，基于刷新时间抽样而产生的样本量是由非同步交易水平及各个资产的样本量 $n^{(1)},n^{(2)},\cdots,n^{(d)}$ 决定的。

5.1.2 基于刷新时间方案的数据损失分析

MTPCOV 能够同时消除市场微观结构噪声和跳跃的影响，是积分协方差阵的一致估计量，并且与其他估计量相比具有较好的估计效果。但是，在估计 MTPCOV 时，同样需要处理数据的非同步交易问题，这里采用的是刷新时间方案将不同资产的交易数据进行同步化处理。采用刷新时间方案对数据进行同步化处理时，会造成数据损失，并且数据损失量会随着资产的数目增加而增加。

当数据观察值的个数略大于资产维数时，刷新时间抽样有可能会使高维的协方差阵的估计无效，从而导致维数诅咒问题。为了说明这一点，考虑 p 个资产，设 p 个资产中每个独立的交易过程都有相同的泊松到达率，泊松到达率为 β。将 $M_p = E[\max(t_1^{(1)}, t_1^{(2)}, \cdots, t_1^{(p)}) < u]$ 定义为所有资产至少都发生了一次交易的最长等待时间的期望。因为 $\Pr[\max(t_1^{(1)}, t_1^{(2)}, \cdots, t_1^{(p)}) < u] = (1 - e^{-\beta u})^p$，所以

$$M(p) = \int_0^{\infty} \beta p (1 - e^{-\beta u})^{p-1} e^{-\beta u} u du \tag{5.1}$$

$M(p)$ 可以被近似为 $M(p) \approx \dfrac{1}{\beta} \log(0.9 + 1.8p)$。所以，由于刷新时间抽样而产生的数据损失的函数为

$$L(p) = 1 - (\beta M(p))^{-1} \tag{5.2}$$

图 5.2 描述的是随着资产数目的增加数据的损失图，给出了数据损失函数 $L(p)$ 和资产 p 之间的关系。从图 5.2 可知，随着资产数目增加，数据损失率迅速提高。当资产数目 p 分别为 2，10 和 100 时，数据损失率分别达到了 33%，66% 和 81%。

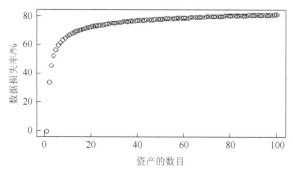

图 5.2　采用刷新时间采样方案时，数据量的损失情况示意图

可见，采用刷新时间方案对数据进行同步化处理时，数据损失是不容忽视的问题，数据损失率的增加会影响 MTPCOV 的估计精度。为了处理该问题，有的研究在估计金融高频协方差阵时，对其流动性

进行了调整，将流动性高的资产分为一组，流动性低的分为一组，将分块与正则化方法应用到高频协方差阵的估计中，减少了数据的损失，并且保证了协方差阵的正定性，从而提高了估计精度（Hautsch et al., 2011）。

5.2 RnBMTPCOV 估计方法

5.2.1 基于分块策略的协方差矩阵

为了减少由数据的同步化处理引起的数据损失，首先将考虑的资产按照流动性进行分组，然后采用分块策略分别估计每组资产的协方差阵。记第 t 个交易 p 个资产的收益向量 $R_t = (r_{1t}, r_{2t}, \cdots, r_{pt})$，其协方差矩阵记为 Σ_t：

$$\Sigma_t = \begin{bmatrix} r_{11} & r_{12} & \cdots & r_{1k} & \cdots & r_{1i} & & r_{1p} \\ n_{21} & n_{22} & \cdots & n_{2k} & \cdots & r_{2i} & & r_{2p} \\ \vdots & \vdots & & \vdots & & \vdots & & \vdots \\ r_{k1} & r_{k2} & \cdots & r_{kk} & \cdots & r_{ki} & & r_{kp} \\ \vdots & \vdots & & \vdots & & \vdots & & \vdots \\ r_{p1} & r_{p2} & \cdots & r_{pk} & \cdots & r_{pi} & & r_{pp} \end{bmatrix} \quad (5.3)$$

对 Σ_t 的估计可以采用 Andersen（2003a）等提出的 RCOV 等方法。但在采样频率特别高时，RCOV 受到市场微观结构噪声的影响，不再是一致估计量。我们采用新提出的 MTPCOV 估计方法，以得到积分协方差阵的一致估计。进行 MTPCOV 估计前，需要对所有的 p 个资产进行交易同步化处理，采用刷新时间同步化处理的数据损失量会随着 p 的增加快速增加，当 p 的个数增加到 20 时，可能 70%的原始数据将被剔除。

从矩阵分块的角度，式（5.3）可以看成是由若干个子协方差构成的矩阵，如由左上角的 k 行 k 列元素构成的矩阵是前 k 个资产的协

方差；右下角的（$p-i+1$）×（$p-i+1$）个元素是第 $p-i+1$ 个资产的协
方差。这意味着，将协方差矩阵 Σ_t 按照一定方法划分为若干块，每
块子矩阵都是所对应的金融资产的协方差矩阵。

显然，刷新时间方案会导致数据损失的一个主要原因在于：各个
资产的流动性不同，有些资产的流动性强，交易非常活跃，有些资产
的流动性较弱，交易则比较稀疏。利用分块策略估计协方差矩阵是根
据资产的流动性对组合中的资产进行分类，将流动性相近的资产划分
为一类，分别估计其对应的协方差阵，然后将所有的资产组合的协方
差阵相结合，形成一个新的协方差阵，而该协方差阵的每一块本身就
是一个子协方差阵。这种分块估计的基本思想可以表述为：将 p 个资
产按照流动性从高到低进行排序，即第 1 个资产的流动性最高，第 p
个资产的流动性最低。将流动性最高的 k 个资产分为一类，其协方差
记为 Σ_{t1}：

$$\Sigma_{t1} = \begin{bmatrix} r_{11}^{'} & r_{12}^{'} & \cdots & r_{1k}^{'} \\ r_{21}^{'} & r_{22}^{'} & \cdots & r_{2k}^{'} \\ \vdots & \vdots & & \vdots \\ r_{k1}^{'} & r_{k2}^{'} & \cdots & r_{kk}^{'} \end{bmatrix} \tag{5.4}$$

采用 MTPCOV 估计方法计算式（5.4）的协方差阵时，仅需要对
k 个资产进行同步交易处理，而不需要对所有的 p（$p>k$）个资产进
行同步化处理。由于这 k 个资产具有相类似的流动性，其数据损失量
远远小于没有分块时的数据损失量。

为了对分块策略进行详细的说明，图 5.3 以 9 个资产为例描述了
分块协方差阵的估计方法。第一步，将 9 个资产按照流动性的高低，
从左到右进行排序，即流动性最高的资产在左上角，流动性最低的资
产在右上角，估计这 9 个资产的 MTPCOV，从而得到图 5.3 中的块 1。
块 1 是基于对所有的金融资产实施同一刷新时间抽样方案后估计得

到的,将其作为分块估计量的基准。第二步,按照流动性高低将资产划分为三类,这三类资产分别为较高流动性资产、中等流动性资产和较低流动性资产,每类都有三个资产。将流动性中总和最小的两组资产结合,采用 MTPCOV 估计方法估计其协方差矩阵,记为块 2,如图 5.3 所示,用块 2 代替块 1 中与其位置相对应的元素。第三步,仍然采用 MTPCOV 方法估计流动性中总和最大的两组资产的协方差,记为块 3,代替经过前两步后所得协方差阵中与块 3 所在位置相对应的元素。第四步,估计块 4,其对应的是流动性最低的一组资产的 MTPCOV,将块 4 放在如图 5.3 中所示的右下方,代替经过前三步后所形成的矩阵中与其位置相对应的元素。第五步,估计中等流动性的资产的 MTPCOV,记为块 5,将其放在如图 5.3 中所示的位置,代替经过前四步后所形成的矩阵中与块 5 位置相对应的元素。第六步,块 6 估计的是流动性最高的资产的 MTPCOV,将其放在如图 5.3 中所示的左上方位置,代替经过前 5 步后形成的矩阵中与块 6 位置相对应的元素。

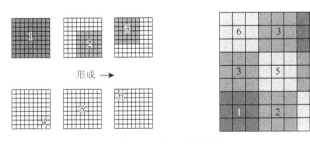

图 5.3　分块策略视图

这样,我们便得到了由 6 块 MTPCOV 构成的 9 个资产的协方差阵,如图 5.3 所示。需要注意的是:分块策略不是将所有的 6 块矩阵进行拼接,而是根据图中每块所在的位置,代替之前的该位置的元素,所以最后形成的矩阵仍然是一个 9 行 9 列的矩阵。位于最远的非对角线位置的块 1，是来自于 9 个资产的 MTPCOV 的一部分。中间位于非对角线位置的块 2 和块 3 是来自于 6 个资产的 MTPCOV 的一部分。位于对角线位置的块 4，块 5 和块 6 分别来自于对应的 3 个资产的 MTPCOV，这样一个 9 行 9 列的协方差阵就是基于分块策略的 9 个资产的 BMTPCOV。

BMTPCOV 估计量的对角块的元素比基于最初的 9 个资产所得的 MTPCOV 更加精确，对位于非对角块上的元素的估计的精确度也不比最初的 MTPCOV 估计差，这是因为位于对角线上的元素，即属于块 4、块 5、块 6 的元素，都是基于三个资产的刷新时间采样进行估计的，相比于原来的基于 9 个资产刷新时间采样而言，大大减少了数据量的损失，从而使估计精度更加精确。而位于非对角线元素的块 2 和块 3 是基于 6 个资产的刷新时间采样进行估计的，相比于原来的基于 9 个资产刷新时间采样而言，同样减少了数据量的损失，提高了估计精度。位于非对角线元素的块 1 是基于原先 9 个资产的刷新时间采样而估计的，估计精度没有变化，因此，基于非对角块上的元素的估计的精确度也并不比最初的 MTPCOV 估计量差。

如前所述，BMTPCOV 的每一块估计的都是 MTPCOV，都是在刷新时间采样的基础上进行估计，与 MTPCOV 估计的理论基础实际上是一致的。这种分块程序，在不对协方差阵的估计实施任何结构限制的情况下，增加了样本量，从而提高了估计精度。

根据流动性对资产进行分组以解决数据减少问题，所得到的每块协方差阵都有各自的刷新时间抽样时间时标，允许有更多的观测值用来估计 MTPCOV。回顾前面的描述，在 K 类资产的情况下，数据损失函数为

$$L(p,K) = 1 - (\beta M(p/K))^{-1} \qquad (5.5)$$

图 5.4 描述的是随着对资产分组数目的增加，数据的损失情况。

由图 5.4 可知，随着资产分类数目的增加，数据损失率在减少。分块使估计效率得到了显著的提高。例如，当资产数目 $p=100$，分为 10 类时，数据的损失率可能是 66%而不是没有分块时的 81%。

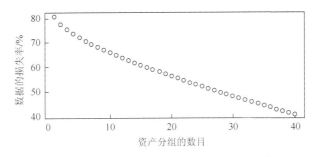

图 5.4　对资产进行分组时，数据损失情况示意图

5.2.2　协方差阵的正则化处理方法

采用 MTPCOV 方法估计得到的协方差阵不一定是正定的，由于 BMTPCOV 的各块矩阵使用的都是 MTPCOV 估计方法，因此，BMTPCOV 也不一定是正定的，即使 MTPCOV 是正定的，由 MTPCOV 构成的 BMTPCOV 也不一定是正定的。为了保证 BMTPCOV 具有正定性，考虑采用正则化技术对协方差阵进行修正（Ledoit and Wolf, 2004；Qi and Sun, 2006），并用特征值处理方法对 BMTPCOV 进行正则化处理。特征值处理法是由随机矩阵理论（Laloux et al., 1999）发展而来的正则化方法，它沿用了最初的特征值收缩法（Stein, 1986）的思想。

特征值处理法利用随机矩阵理论决定特征值的分布，特征值的分布函数为 q 的函数，q 为观测值 N 相对于维数 p 的比例，即 $q=N/p$，在独立资产的原假设下，相关性矩阵是一个单位矩阵，最大的特征值 $\lambda_{\max} = \sigma^2 \left(1 + \dfrac{1}{q} + 2\sqrt{\dfrac{1}{q}} \right)$，这里 σ^2 为 1（Laloux et al., 1999）。

　　特征值处理法是将实证得到的相关矩阵的特征值，与资产相互独立的假定下的随机矩阵的特征值相比较，从而识别那些偏离噪声，反映市场信息的特征值。它的主要思想是在去除噪声对应的特征值的同时，尽量保存真实的信息对应的特征值，这是因为噪声对应的特征值是不包含真实信息的，它们基本上没有什么意义。为了区分实证的相关矩阵中的噪声部分和非噪声部分，可以把它分为两个部分：一部分是符合随机矩阵的性质的，被视为"噪声"，另一部分是偏离随机矩阵预测的差异部分，被视为"市场信息"。根据随机矩阵理论值的预测，可以确定理论上的最大值，$\lambda_{\max}$ 即为理论上的最大值。根据这个范围就可以区分出"市场信息"与"噪声"。首先根据谱分解方法计算实证的相关矩阵 C 的特征值，即 $C = Q \Lambda Q^{\mathrm{T}}$，其中，$Q$ 是矩阵的特征向量，Λ 是由矩阵的特征值构成的对角矩阵。然后将特征值 λ_i 按大小排序（$\lambda_i > \lambda_{i+1}$）。由前人的研究得知，最大的特征值 $\hat{\lambda}_1$ 会远远大于随机矩阵理论上的预测值 $\lambda_{\max}$，偏离了随机矩阵预测的部分，显然违反了"白噪声"的假定，被认为是市场信息。去掉该特征值，重新计算 σ^2，$\sigma^2 = 1 - \hat{\lambda}_1 / p$，将其作为市场的中立方差，然后再根据 $\lambda_{\max} = \sigma^2 \left(1 + \dfrac{1}{q} + 2\sqrt{\dfrac{1}{q}} \right)$ 重新计算出 $\lambda_{\max}$，使较小的市场信号可以被识别出来。比 $\lambda_{\max}$ 大的正的特征值被认定为市场信息，小于这个临界值的被认为是噪声，将小于临界值的特征值转化为大于 0 的值（Bauwens et al., 2006），即

$$\tilde{\lambda}_i = \begin{cases} \hat{\lambda}_i, & \hat{\lambda}_i > \lambda_{\max} \\ \delta, & \text{其他} \end{cases} \qquad (5.6)$$

其中，参数 δ 的选择是和保存的相关矩阵的迹相关的。利用半正定的相关矩阵的投影的迹以保证所得的协方差阵是正定的：

$$\delta = \frac{\mathrm{trace}(R_+) - \sum_{\hat{\lambda}_i > \lambda_{\max}} \hat{\lambda}_i}{p - (\mathrm{No.of}\ \hat{\lambda}_i > \lambda_{\max})} \tag{5.7}$$

式中，$\mathrm{No.of}\ \hat{\lambda}_i > \lambda_{\max}$ 表示实证相关矩阵 C 的特征值中比 $\lambda_{\max}$ 大的特征值的个数。由此得到的相关性矩阵为 $\hat{R} = Q\hat{L}Q^{\mathrm{T}}$，其中 $\hat{L} = \mathrm{diag}(\tilde{\lambda}_i)$。

设 t 时刻的 BMTPCOV 的标准差为 σ_t^j，$j = 1, 2, \cdots, p$。V_t 是由 σ_t^j 构成的 p 阶对角矩阵，即 $V_t = \mathrm{diag}[\sigma_t^j]$，$j = 1, 2, \cdots, p$，则由 $\hat{R}$ 构成的 t 时刻的基于分块与正则化方法的 RnBMTPCOV 为

$$\mathrm{RnBMTPCOV}_t = V_t\hat{R}_tV_t \tag{5.8}$$

5.3 RnBMTPCOV 的估计及有效性分析

5.3.1 RnBMTPCOV 估计结果的描述性统计分析

本书所采用的数据来自于沪深 300 指数,这里随机选取了 6 支大盘股的数据进行分析，它们分别是：中国联通（sh600050）、招商银行（sh600036）、中国石化（sh600028）、中海发展（sh600026）、上海汽车（sh600104）和宝钢股份（sh600019），选择的数据是从 2005 年 1 月 4 日到 2009 年 4 月 30 日的实时交易数据，数据来自于 CSMAR 期权股票分析数据库。在该样本区间内，将交易缺失的数据从样本股中剔除以后，共有 825 天是所有股票都发生了交易。表 5.1 对所考虑的 6 支股票的总交易量和日平均交易次数进行了描述性统计分析。

表 5.1　各支股票的交易量与日平均交易次数

股票	中国联通	中国石化	宝钢股份	招商银行	上海汽车	中海发展
总交易量	16.34830×10^{10}	6.79475×10^{10}	6.87790×10^{10}	5.26355×10^{10}	1.76693×10^{10}	1.16209×10^{10}
高频日平均交易次数	2351	2204	2198	2151	1929	1802

在估计股票协方差阵时，采用的是 RnBMTPCOV，可以根据表 5.1 给出的股票的描述性统计分析，按照交易频率将这 6 支股票分成 3 组。整体而言，日内交易频率最高的一组为中国石化和中国联通，其次是宝钢股份和招商银行，最后是中海发展和上海汽车。按照前面所述的分块策略，分别估计它们的 MTPCOV，然后将它们调整合并得到这 6 支股票的 RnBMTPCOV，这样采用分块估计减少了数据量的损失，提高了估计的精度。需要说明的是，当所选择的股票数目更多，股票的日内交易频率差异较大时，估计得到的 RnBMTPCOV 相比传统的高频协方差阵效果会更好。

由表 5.2 不难发现，采用 RnBMTPCOV 估计量时，会使平均样本量增大，减少了数据损失，从而使估计的协方差阵更加精确。较 MTPCOV 而言，RnBMTPCOV 的均值和标准差更小。并且 RnBMTPCOV 的 Ljung-Box Q 统计量值大于 MTPCOV 的 Ljung-Box Q 统计量值，表明 RnBMTPCOV 估计量具有更强的持续时间依赖性，这个结果与前人的研究（Hansen and Lunde, 2010）一致，说明噪声对 RnBMTPCOV 估计量的影响更小，更能够揭示高频数据的高持续性。

表 5.2　估计的 MTPCOV、RnBMTPCOV 的统计描述

估计量	MTPCOV	RnBMTPCOV
每日的平均样本量	1 436	1 708
均值	0.052 080	0.014 670
标准差	0.111 574	0.091 464
Ljung-Box Q 统计量（Q_{22}）	14 370.27	93 903.21

注：Ljung-Box Q 统计量在滞后阶数为 22，即滞后一个月时，在 1%的水平下，其临界值为 40.289

5.3.2　基于 Mincer-Zarnowitz 回归的协方差阵的比较分析

有研究表明：不同的竞争估计量的表现可以根据它们对于组合波

动的预测能力进行评价（Briner and Connor, 2008）。随机的投资组合的权重和 $\sum w = 1$，并且根据 Bollerslev 等（2008）的研究可知：已实现投资组合的方差 $RV_{PW,t}$ 可以根据日内投资组合的回报率 $r_{PW,j,t} = \sum_{i=1}^{p} w_i r_{i,j,t}, (j=1,\cdots,m)$ 计算，采用的抽样频率为 17.5 min。由于高频交易数据每日的交易时间是上午 09：30 至 11：30，下午 13：00 至 15：00，所以当抽样频率为 17.5 min 时，每天约有 14 个观测值，即 $m \approx 14$。

为简单起见，这里仅考虑等权重的投资组合，即对所选择的 6 支股票赋予相同的权重，每支股票的权重为 $\frac{1}{6}$，则

$$r_{PW,j,t} = \frac{1}{6} \sum_{i=1}^{6} r_{i,j,t} \tag{5.9}$$

$$RV_{PW,t} = \sum_{j=1}^{m} (r_{PW,j,t})^2 \tag{5.10}$$

可以采用 Mincer-Zarnowitz 回归方程的形式进行估计（Mincer and Zarnowitz, 1969），从而对竞争估计量进行比较分析（Hautsch et al., 2011），回归方程的形式如下：

$$\sqrt{\frac{\pi}{2}}\hat{\sigma}_{t,w} = \alpha_0 + \alpha_1 \sqrt{(w' \Sigma_{(1)}^w)} + \alpha_2 \sqrt{w' \Sigma_{(2)}^w} \tag{5.11}$$

其中，投资组合的已实现波动 $\hat{\sigma}_{t,w} = (RV_{PW,t})^{1/2}$，$\Sigma_{(j),t}$，$j = \{1, 2\}$ 是竞争的协方差阵估计量。

表 5.3 给出了 Mincer-Zarnowitz 回归估计结果。常数 α_0 是对回归偏差的测度，而 α_1 和 α_2 则是回归效率的测度，MTPCOV 是没有进行分块和正则化处理的原始的协方差阵，RMTPCOV 是仅进行正则化处理的修正的门限预平均已实现协方差阵，RnBMTPCOV 是进行了分块和正则化处理的基于流动性调整的修正的门限预平均已实

现协方差阵。将 RnBMTPCOV 估计量与 MTPCOV、RMTPCOV 进行对比，从而分析 RnBMTPCOV 的有效性。

表 5.3　Mincer-Zarnowitz 回归估计结果

$\Sigma_{(1)}$	$\Sigma_{(2)}$	α_0	α_1	α_2	R^2
单一回归：					
MTPCOV		0.000 151	0.472 419		0.727 900
		（0.000 039）	（0.031 130）		
RMTPCOV		0.000 469	0.475 436		0.728 500
		（0.000 028）	（0.021 746）		
RnBMTPCOV		0.000 113	0.483 502		0.756 700
		（0.000 011）	（0.047 430）		
包罗回归：					
RnBMTPCOV	MTPCOV	0.000 172	0.516 937	−0.108 432	0.730 700
		（0.000 013）	（0.006 696）	（0.015 734）	
RnBMTPCOV	RMTPCOV	0.000 557	0.523 829	0.029 538	0.747 600
		（0.000 028）	（0.124 520）	（0.119 830）	

注：（.）表示标准误差

表 5.3 中单一回归部分的原假设为 $\alpha_0 = 0$, $\alpha_1 = 1$，由表中给出的结果可知：所有估计量的回归系数 α_0 都是统计不显著的，较估计量 MTPCOV、RMTPCOV 而言，估计量 RnBMTPCOV 的拟合优度 R^2 最高，这表明 RnBMTPCOV 较其他估计量而言具有更好的表现。表 5.3 中包罗回归部分的原假设为 $\alpha_0 = 0$, $\alpha_1 + \alpha_2 = 1$，由表中的结果可知：将 RnBMTPCOV、MTPCOV 作为解释变量进行包罗回归时，MTPCOV 的系数 α_2 不再是统计显著的，它被估计量 RnBMTPCOV 包罗起来了，这与表 5.3 中单一回归部分的结论相一致，即 MTPCOV 估计量的表现要劣于 RnBMTPCOV 估计量。当将高频协方差阵 RnBMTPCOV、RMTPCOV 作为解释变量进行包罗回归时，RMTPCOV 的系数 α_2 也是不显著的，也被 RnBMTPCOV 包罗起来，从而进一步说明了经过流动

性调整后的 RnBMTPCOV 估计量优于 RMTPCOV 估计量。

5.4 本 章 小 结

当估计多支股票的 MTPCOV 时，随着资产数目增加，数据损失率迅速提高。为了减少数据的损失提高估计效率，本章在 MTPCOV 的估计中应用分块策略和正则化方法，提出了 RnBMTPCOV。该估计量首先利用分块策略估计协方差矩阵，然后将所有的分块资产组合的 MTPCOV 相结合，形成一个新的协方差阵——BMTPCOV，该协方差阵的每一块是一个子协方差阵。由于 MTPCOV 不一定是正定的，即使 MTPCOV 是正定的，而经过分块策略重新构成的协方差阵 BMTPCOV 也不一定是正定的，这需要通过正则化方法进行调整得到正定的协方差阵。经过正则化调整的估计量——RnBMTPCOV 是正定的，可以将其应用在投资组合和风险管理中。

6 多维协方差阵预测模型的比较分析

现代投资组合理论大部分是从组合风险控制角度展开的,协方差矩阵扮演着非常重要的角色,前面介绍了高频协方差阵的估计方法,将高频协方差阵应用在投资组合或风险管理时,需要考虑采用何种预测模型对高频协方差阵进行预测。金融市场的多元波动模型对资产定价、投资组合及风险管理都具有非常重要的作用,较好的预测模型能够更加准确地对资产的波动性进行预测。

多元 GARCH 模型、随机波动模型及多元已实现协方差阵模型,都是一些估计多元波动的典型的模型。多元 GARCH 模型和随机波动模型很早就被学者提出,但是由于这两类模型的估计参数较多,在实际应用中难以得到它们的参数的正确估计,因而很难将这两类模型应用在投资组合或风险管理领域。已实现协方差阵模型不需要复杂的参数估计,并且该模型挖掘了高频数据中的更丰富的信息,可以得到对资产协方差阵的更为精确的估计。

有学者提出了用单变量的 ARFIMA 模型,对对数已实现波动性和已实现相关性序列进行建模(Andersen et al., 2001a, 2001b);后又有研究提出应用单变量的 HAR 模型,通过在不同时间层面上的已实现波动性和相关性的自回归表达式,捕捉时间序列的高持续性(Corsi, 2005)。但是从这些单变量的模型获得的,由其对方差和相关性的预测而构造的协方差阵不一定是正定的。

对于高频协方差阵预测模型的研究是近年来高频数据研究的热点问题之一,目前还没有一个广泛被认可的模型。基于乔列斯基(Cholesky)分解的长记忆向量 ARFIMA(VARFIMA)模型是近年来被学者提出的预测协方差阵的模型之一，该模型保证了预测的协方差阵的正定性，这种方法和多元GARCH模型一样，存在维数诅咒问题，并且对该模型进行估计时，待估的参数较多，估计较为困难，很难实现（Chiriac and Voev, 2007, 2011a）。在Wishart分布的基础之上，有学者提出了基于Wishart分布的自回归模型对高频协方差阵进行预测，但是该方法没有考虑时间序列的长记忆性，不能够保证预测的协方差阵的正定性（Bonato et al., 2009）。

为了将多维协方差阵应用在投资组合上，需要保证预测的协方差阵的正定性，目前大致有两种方法保证预测协方差阵的正定性，第一种方法是对RCOV的乔列斯基分解因素进行建模，在没有参数限制的情况下，保证了预测结果的正定性（Chiriac and Voev, 2007）。Chiriac和Voev（2007）认为：观察到的协方差自相关的长记忆性，被保存在乔列斯基因素的自相关中。第二种方法是对RCOV进行对数变换保证预测协方阵的正定性（Bauer and Vorkink, 2007）。

有研究发现：RCOV元素的自相关函数（ACF）有缓慢的衰减率，意味着已实现方差和协方差具有持久性，能够捕捉时间序列的长记忆性（Andersen et al., 2001a, 2001b）。同样，对矩阵进行乔列斯基分解后的元素，以及对矩阵进行对数变换后的元素也具有长记忆性。为了捕捉长记忆性，本章主要采用三种不同类型的预测模型对协方差阵进行预测。第一种是采用CF-ARMA（2, 1）模型对高频协方差阵进行预测，VARFIMA模型是在矩阵的乔列斯基分解的基础上建立的，可捕捉时间序列的长记忆性并保证预测的协方差阵的正定性。但是当预测的协方差阵的维度较高时，由于待估的参数较多，使VARFIMA模型应用起来较为困难，CF-ARMA（2, 1）模型克服了该弱点，并且该方法一方面保证了预测协方差阵的正定性，另一方面也捕捉到了时间序列的长记忆性。第二种是FI-VAR模型，较

VARFIMA 而言，该模型估计起来相对简便。第三种采用的是多元异质自回归 MHAR 模型，该方法是在异质自回归 HAR 模型（Corsi, 2005）的基础之上建立的，为了捕捉高频协方差阵序列的长记忆性并且保证预测的协方差阵的正定性，这里采用的是基于矩阵的乔列斯基分解的 CF-HAR 模型和基于矩阵的对数变换的 LOG-HAR 模型（Lacroix, 2011）。

当考虑的资产的维数较多时，国内外学者主要采用以上三种预测模型对高频协方差阵进行预测，但是究竟采用哪种预测模型更好，值得进一步探讨。Hansen 等（2005）提出的 MCS 检验法是经典模型的比较方法，它克服了其他模型比较标准的缺点，承认数据的有限性，不需要选择基准模型，所有的模型都被平等看待。因此，采用 MCS 检验法选择的最优预测模型比较可靠，能够更好地对金融资产的协方差阵进行预测。在多种损失函数的情况下，本章采用 MCS 检验法比较和分析常用的几种协方差阵预测模型的预测能力，从而选择最优的高频协方差阵预测模型。

6.1   基于高频数据的协方差预测模型

对于高频数据的协方差预测模型，目前还没有一个被广泛认可的模型框架。VARFIMA 模型是较为常用的高频协方差阵预测模型，但是该模型只适用于考虑的资产维数较少的情况，这是因为采用 VARFIMA 模型预测高频协方差阵时，待估的参数的个数为 $\dfrac{n(n+1)(n^2+n+1)}{2}$ （其中 n 代表资产的数目），可见 VARFIMA 模型最大的缺点是存在维数诅咒问题。针对该问题，下面分别介绍几种常用的、容易实现的高频协方差阵预测模型。

6.1.1　CF-ARMA（2，1）模型

高频已实现协方差阵概念的引入，使协方差阵成为一种可以观察的随机变量，从而使直接利用时间序列工具，对协方差阵建立模型成为可能。但是任何模型必须保证协方差阵是正定的，为此，有学者提出对 RCOV 的乔列斯基因素进行建模，在没有参数限制的情况下，保证预测结果的正定性（Chiriac and Voev, 2011a, 2011b）。Chiriac 和 Voev（2011a, 2011b）认为：观察到的协方差自相关的长记忆性，被保存在乔列斯基因素的自相关中，从而证明了 VARFIMA 模型的应用，但是由于 VARFIMA 模型待估的参数较多，很难进行估计，尤其是考虑的资产的数目较多时。这里，本章稍做修改，对乔列斯基分解因素分别建立 ARMA(2,1) 模型，取代 VARFIMA 模型。实践证明选用 ARMA(2,1) 模型对乔列斯基分解因素建模同样是适合的。有些研究已证明长记忆模型可被双因素模型复制（Gallant et al., 1999; Alizadeh et al., 2002）。事实上，在对已实现波动率进行建模时，ARFIMA 过程和 ARMA(2,1) 过程的效果相差不大，ARFIMA 模型并没有优于 ARMA(2,1) 模型，而且 ARMA(2,1) 模型为出现长记忆性的乔列斯基因素，提供了一个灵活的短记忆描述（Pong et al., 2004, 2008）。

由前面的研究知道本书提出的 RnBMTPCOV 是正定的协方差阵，假定第 t 天的 RnBMTPCOV 的乔列斯基因素可以表述成如下形式：

$$\text{RnBMTPCOV}_t = L_t^{\mathrm{T}} L_t \qquad (6.1)$$

其中，L_t 是一个上三角矩阵包含了 RnBMTPCOV_t 的乔列斯基分解因素。因为由预测的乔列斯基分解因素建立协方差阵，需要各个因素的

乘积，所以对协方差阵的乔列斯基分解因素建模，从而保证了预测的协方差阵的正定性。ARMA(2,1) 模型的形式如下：

$$\text{Vech}(L_t) = u + \Phi_1\text{Vech}(L_{t-1}) + \Phi_2\text{Vech}(L_{t-2}) + \Psi\varepsilon_{t-1} + \varepsilon_t \qquad (6.2)$$

其中，$\text{Vech}(\cdot)$ 是把向量拉直的操作，所以 $\text{Vech}(L_t)$ 是关于乔列斯基因素的一个 $\dfrac{N(N+1)}{2}$ 的向量，u 是一个 $\dfrac{N(N+1)}{2}$ 的常数向量，系数矩阵 Φ_1, Φ_2 和 Ψ 都是 $\dfrac{N(N+1)}{2} \times \dfrac{N(N+1)}{2}$ 的对角矩阵，即模型的具体形式为

$$
\begin{pmatrix} L_{1,t} \\ L_{2,t} \\ \vdots \\ L_{\frac{N(N+1)}{2},t} \end{pmatrix} = \begin{pmatrix} u_1 \\ u_2 \\ \vdots \\ u_{\frac{N(N+1)}{2}} \end{pmatrix} + \begin{pmatrix} \Phi_{11} \\ \Phi_{12} \\ \vdots \\ \Phi_{1\frac{N(N+1)}{2}} \end{pmatrix} \begin{pmatrix} L_{1,t-1} \\ L_{2,t-1} \\ \vdots \\ L_{\frac{N(N+1)}{2},t-1} \end{pmatrix}
$$

$$
+ \begin{pmatrix} \Phi_{21} \\ \Phi_{22} \\ \vdots \\ \Phi_{2\frac{N(N+1)}{2}} \end{pmatrix} \begin{pmatrix} L_{1,t-2} \\ L_{2,t-2} \\ \vdots \\ L_{\frac{N(N+1)}{2},t-2} \end{pmatrix} + \begin{pmatrix} \Psi_1 \\ \Psi_2 \\ \vdots \\ \Psi_{\frac{N(N+1)}{2}} \end{pmatrix} \begin{pmatrix} \varepsilon_{1,t-1} \\ \varepsilon_{2,t-1} \\ \vdots \\ \varepsilon_{\frac{N(N+1)}{2},t-1} \end{pmatrix} + \begin{pmatrix} \varepsilon_{1,t} \\ \varepsilon_{2,t} \\ \vdots \\ \varepsilon_{\frac{N(N+1)}{2},t} \end{pmatrix}
$$

$$(6.3)$$

所以，式（6.3）是对每个乔列斯基因素分别建立 ARMA(2, 1) 模型的单变量序列模型。虽然不同的乔列斯基因素之间可能存在动态的相互关系，但是对考虑动态相关性的模型进行估计会变得相当困难。在 Chiriac 和 Voev（2011a）的研究中，他们忽略了 VARFIMA 模型的动态相关性，允许两因素相互独立，然后采用极大似然估计法对式（6.3）进行估计。

6.1.2　FI-VAR 模型

为了克服 VARFIMA 模型估计的困难，有研究采用分形整合的向

量自回归FIVAR模型代替VARFIMA模型对高频协方差阵进行预测，使参数的估计问题得到了简化（徐正国和张世英，2006）。

分形整合的向量自回归（FIVAR（p，d））模型的形式如下：

$$\Phi(L)\mathrm{diag}((1-L)^{d_1},\cdots,(1-L)^{d_{N\times(N+1)/2}}) \cdot (\log(\mathrm{Vech}(RnBMTPCO_t))) = w + \varepsilon_t$$

（6.4）

RnBMTPCOV$_t$ 是 $N\times N$ 的高频协方差阵，显然它是一个对称的矩阵；Vech($\cdot$) 是拉直算子，是将 RnBMTPCOV$_t$ 的下三角或上三角矩阵拉成一个 $\frac{N\times(N+1)}{2}\times 1$ 的向量；log($\cdot$) 是对其中的每个元素取对数。$d_1,\cdots,d_{N\times(N+1)/2}$ 是分整阶数，其取值范围为（$-0.5, 0.5$）；diag($\cdot$) 为对角阵算子；而 $\Phi(L)$ 是滞后 p 阶的自回归算子，其表达式为

$$\Phi(L) = I - \Phi_1 L - \Phi_2 L^2 \cdots - \Phi_p L^p \qquad (6.5)$$

其中，I 为 $\frac{N\times(N+1)}{2}\times\frac{N\times(N+1)}{2}$ 的单位矩阵，Φ_i 为 $\frac{N\times(N+1)}{2}\times\frac{N\times(N+1)}{2}$ 维的系数矩阵，ε_t 为 $\frac{N\times(N+1)}{2}\times 1$ 的向量误差过程，并且 $\varepsilon_t\sim$ i.i.d.$N(0, I\sigma^2)$。

相比 VARFIMA 模型，分形整合的向量自回归 FIVAR 模型的估计要简单得多，一般采用两步法对 FIVAR（p, d）模型进行估计。第一步对分整阶数参数 $d_1, d_2,\cdots, d_{N\times(N+1)/2}$ 进行估计，第二步将估计得到的参数 $d_1, d_2,\cdots, d_{N\times(N+1)/2}$ 代入 FIVAR（p, d）模型中，得到一个向量自回归 VAR（p）模型，然后再估计该向量自回归模型的参数。

需要注意的是，当对分整阶数进行估计时，本书采用的是修正的 GPH 半参数估计方法，该方法是对 GPH 半参数估计方法的修正（Robinson，1995）。Robinson（1995）提出的参数 d_i 的计算公式为

$$\hat{d}_i = 0.5 + 0.5 \times \frac{\log(G_{i,m}) - \log(G_{i,[qm]})}{\log(q)}, \quad i = 1,2,\cdots,\frac{N\times(N+1)}{2} \quad (6.6)$$

其中，参数 $G_{i,m} = 2\pi n_i^{-1} \sum_{j=1}^{m_i} I_i \left(\dfrac{2\pi_j}{n_i} \right)$，$n_i$ 为时间序列 i 的长度，

$I_i \left(\dfrac{2\pi_j}{n_i} \right) (j = 1, \cdots, m_i)$ 是时间序列的周期，$m_i = [n_i^{0.5}]$，$[\cdot]$ 表示取整运

算，所以 m_i 是整数。

利用以上所述的两步估计法估计分形整合的异质自回归 FIVAR (p, d) 模型的参数后，就可以利用该模型预测协方差阵的波动性和相关系数。

6.1.3 多元异质自回归（MHAR）模型

异质市场的假说表明了不同的参与者对市场的预期是不同的,他们在风险偏好、信息获取等方面存在着不同，即市场上存在异质的交易者（Müller and Dacorogna, 1997）。在异质市场的基础上，异质自回归已实现波动（HAR-RV）模型被提出（Corsi, 2005）。Corsi（2005）从不同的持有期的角度考虑了三类交易者，一般而言，处于不同持有期的交易者对未来的预期往往是不相同的,因而对波动也会产生不同的影响。HAR-RV 模型是一种多成分波动模型，它通过一个自回归结构对每日、每周、每月的波动成分进行加总，以此捕捉已实现波动的异质性。

Corsi（2009）提出的是基于单变量的异质自回归模型，当对高频数据的协方差阵建模时，就需要建立 MHAR 模型。在建立 MHAR 模型时，如前面所述，为了保证协方差阵的正定性一般需要对估计出的 RCOV 进行乔列斯基分解或对协方差矩阵进行对数变换，得到基于乔列斯基分解的 CF-HAR 模型或基于矩阵的对数变换的 LOG-HAR 模型，下面分别对这两种模型进行介绍。

6.1.3.1 基于乔列斯基分解的 CF-HAR 模型

当采用的模型是基于乔列斯基分解的 CF-HAR 模型时，首先需要对正定对称的 RnBMTPCOV_t 进行乔列斯基分解，即 $\text{RnBMTPCOV}_t = L_t^{\text{T}} L_t$，$L_t$ 是上三角矩阵，$X_t = \text{vech}(L_t)$ 是一个 $m \times 1$ 的向量，表示将 RCOV 进行乔列斯基分解后得到的上三角矩阵 L_t 拉直得到向量 X_t，其中，$m = n(n+1)/2$，n 是考虑的资产的数目。向量 X_t 包含了乔列斯基分解的所有元素。

这里采用多变量 HAR 模型（Bauer and Vorkink, 2006），其形式为

$$X_t - u = \Gamma_1 X(1)_{t-1} + \Gamma_5 X(5)_{t-1} + \Gamma_{22} X(22)_{t-1} + \varepsilon_t \tag{6.7}$$

此时 $X(1)_t, X(5)_t$ 和 $X(22)_t$ 表示的则是基于每日、每周、每月的乔列斯基分解元素的平均，即

$$X(5)_{t-1} = \frac{1}{5} \sum_{s=1}^{5} X_{t-s}, \quad X(22)_{t-1} = \frac{1}{22} \sum_{s=1}^{22} X_{t-s} \tag{6.8}$$

得到 CF-HAR（1，5，22）模型的参数后，就可以利用该模型对乔列斯基分解元素 X_{t+1} 进行预测，然后再将预测得到的 X_{t+1} 进行逆变换：

$$\text{RnBM}\widehat{\text{TP}}\text{COV}_{t+1} = \text{upmat}(\text{xpnd}(\hat{X}_{t+1}))'\,\text{upmat}(\text{xpnd}(\hat{X}_{t+1})) \tag{6.9}$$

这样便得到了 $t+1$ 期的 RnBMTPCOV_t 的预测值。其中，xpnd 是拉直运算 vech（.）的逆运算，upmat 是形成上三角矩阵的运算。

6.1.3.2 基于矩阵的对数变换的 LOG-HAR 模型

当采用基于矩阵的对数变换的 LOG-HAR 模型时，首先需要对 RnBMTPCOV_t 取对数得到经过对数变换后的矩阵 A_t，由前面的研究知道协方差阵 RnBMTPCOV_t 是正定的，当 RnBMTPCOV_t 是一

个对称的正定矩阵时，经过对数变换后得到的矩阵 A_t 也是一个对称矩阵。

$$A_t = \log m(\text{RnBMTPCOV}_t) = B_t \log(D_t) B_t^{\mathrm{T}} \qquad （6.10）$$

其中，函数 $\log m$（.）是对 RnBMTPCOV 进行谱分解。矩阵 B_t 是一个正交矩阵，它包含了 RnBMTPCOV$_t$ 的特征向量，矩阵 D_t 是一个对角矩阵，它包含了矩阵 RnBMTPCOV$_t$ 对应的特征值。

然后将经过对数变换后的矩阵 A_t 的上三角矩阵拉直，即 $X_t = \text{vech}(A_t)$，此时 X_t 是一个 $m \times 1$ 的向量，$m = N \times (N+1)/2$。

基于矩阵的对数变换的多元 LOG-HAR 模型的形式为

$$X_t = u + \beta_1 X(1)_{t-1} + \beta_5 X(5)_{t-1} + \beta_{22} X(22)_{t-1} + \varepsilon_t \qquad （6.11）$$

其中，$X(1)_t, X(5)_t$ 和 $X(22)_t$ 是将基于每日、每周、每月的对数矩阵 A_t 的上三角矩阵拉直后，得到的元素的平均，同样有

$$X(5)_{t-1} = \frac{1}{5}\sum_{s=1}^{5} X_{t-s}, \quad X(22)_{t-1} = \frac{1}{22}\sum_{s=1}^{22} X_{t-s} \qquad （6.12）$$

这样利用基于矩阵的对数变换的多元 LOG-HAR 模型，就可以对元素 X_{t+1} 进行预测。然后通过：

$$\hat{A}_{t+1} = \text{xpnd} - \text{symm}(\hat{X}_{t+1}) \qquad （6.13）$$

得到 $t+1$ 时刻的对称阵 $\hat{A}_{t+1}$，其中 xpnd-symm（.）表示形成一个对称矩阵 $\hat{A}_{t+1}$，则 $t+1$ 时刻的 RnBMTPCOV$_t$ 的预测值 RnBMTPCOV$_t = \exp m(\hat{A}_{t+1})$。

6.1.4　基于 Wishart 分布的自回归（WAR）模型

WAR 模型中，1 阶的 Wishart 自回归过程没有对 RnBMTPCOV$_t$

进行分解，而是在矩阵的自回归模型中利用拉普拉斯变换捕捉高频协方差阵RnBMTPCOV$_t$的动态性（Gourieroux et al., 2009）。

1阶的Wishart自回归过程即WAR（1）过程，被记为$W_n(K, M, \Sigma)$，是一个条件拉普拉斯变换的矩阵马尔可夫过程：

$$\Phi_t(\Gamma) = E_t[\exp \mathrm{Tr}(\Gamma \mathrm{RnBMTPCOV}_{t+1})] = \frac{\exp \mathrm{Tr}[M'\Gamma(\mathrm{Id} - 2\Sigma\Gamma)^{-1}MY_t]}{[\det(\mathrm{ID} - 2\Sigma\Gamma)]^{K/2}}$$

（6.14）

其中，K为自由度，K是严格大于$n-1$的，M是一个$n \times n$的自回归参数矩阵，Σ是一个$n \times n$的正定矩阵。矩阵Γ必须满足$\|\Sigma^{1/2}\Gamma\Sigma^{1/2}\| < 1$使其满足拉普拉斯变换的定义。

自由度参数K非常重要，仅当$K \geq n$时，RnBMTPCOV$_t$才是正定的。WAR模型是适合高频数据的协方差阵预测模型，但是有研究指出采用WAR模型对高频协方差阵进行预测时将会产生偏误，并且在某些情况下，Wishart估计量也不能满足RnBMTPCOV$_t$的正定性，尤其是当样本大于1个月时，估计效果较差（Chiriac, 2006）。所以本书没有采用WAR模型预测高频协方差阵，但是有必要介绍WAR模型，一旦该模型得到了拓展，有可能成为非常有吸引力的高频协方差阵预测模型。

6.2　基于低频数据的协方差阵预测模型

基于高频数据的协方差阵预测模型比多元GARCH模型的预测效果好吗？这一直是一个比较有争议的问题。6.1节介绍了几类常用的高频协方差阵预测模型，本节将介绍两种具有代表性的多元GARCH模型——DCC模型和BEKK模型，并与高频协方差阵预测模型进行对比分析。

6.2.1 DCC 模型

DCC 模型是经典的多元 GARCH 模型之一，该模型是常条件相关系数模型的拓展，是动态的条件相关系数模型（Engle, 2002）。根据 Engle（2002）的研究，可将资产的回报率向量设为 $r_t = r_t' - u$，并假定其服从多元正态分布。

$$r_t \mid \Phi_{t-1} \sim N(0, H_t) \qquad (6.15)$$

$$H_t \equiv D_t R_t D_t \qquad (6.16)$$

H_t 是条件协方差矩阵；R_t 是 $k \times k$ 的时变相关矩阵。其中：

$$D_t = \mathrm{diag}(h_{11,t}^{1/2}, \cdots, h_{nn,t}^{1/2}), \quad h_{ii,t} = w_i + \alpha_i \varepsilon_{i,t-1}^2 + \beta_i h_{ii,t-1} \qquad (6.17)$$

对于任意的 $i=1, \cdots, n$，w_i，α_i，$\beta_i \geq 0$，并且 $\alpha_i + \beta_i < 1$。

$$R_t = (\mathrm{diag}(Q_t))^{-\frac{1}{2}} Q_t (\mathrm{diag}(Q_t))^{-\frac{1}{2}} \qquad (6.18)$$

其中，Q_t 是一个 $n \times n$ 的对称的并且是正定的矩阵，其形式如下：

$$Q_t = (1 - \theta_1 - \theta_2)\bar{Q} + \theta_1 u_{t-1} u_{t-1}^{\mathrm{T}} + \theta_2 Q_{t-1} \qquad (6.19)$$

这里，u_t 是一个以元素为 $u_{i,t} = \dfrac{\varepsilon_{i,t}}{\sqrt{h_{ii,t}}}, i = 1, \cdots, n$ 的标准化残差向量。$\bar{Q}$ 是 u_t 的无条件协方差。与其他估计方法相比，DCC 模型最大的优点是：可以将不同资产之间的动态的相关关系估计出来，并且可以解决异方差问题。

6.2.2 BEKK 模型

BEKK 模型也是现在最为流行的多变量波动性模型之一，它是多元 GARCH 模型的一种（Engle and Kroner, 1995），其形式如下：

$$r_t = u_t + \varepsilon_t \qquad (6.20)$$

$$\varepsilon_t \mid \Omega_{t-1} \sim N(0, H_t) \qquad (6.21)$$

$$H_t = C^\mathrm{T}C + A^\mathrm{T}\varepsilon_{t-1}\varepsilon_{t-1}A + B^\mathrm{T}H_{t-1}B \qquad （6.22）$$

其中，C 是一个 $n \times n$ 的上三角矩阵，A 和 B 都是一个 $n \times n$ 的参数矩阵，A 为 ARCH 项的系数矩阵，B 为 GARCH 项的系数矩阵。和一般的多元 GARCH 模型类似，系数矩阵 A 是用来衡量时间序列的滞后一期的残差项对当期的条件方差的影响程度，系数矩阵 B 是用来衡量时间序列的滞后一期的条件方差对当期的条件方差的影响程度。Engle 和 Kroner（1995）证明了在一定的限制条件下，采用 BEKK 模型估计得到的协方差阵是正定并且是稳定的。

这里所估计的模型的形式为

$$H_t = \begin{pmatrix} c_{11} & c_{12} \\ 0 & c_{22} \end{pmatrix}^\mathrm{T} \begin{pmatrix} c_{11} & c_{12} \\ 0 & c_{22} \end{pmatrix} + \begin{pmatrix} a_{11} & a_{12} \\ a_{21} & a_{22} \end{pmatrix}^\mathrm{T} \left(\varepsilon_{t-1}\varepsilon_{t-1}^\mathrm{T}\right) \begin{pmatrix} a_{11} & a_{12} \\ a_{21} & a_{22} \end{pmatrix}$$
$$+ \begin{pmatrix} b_{11} & b_{12} \\ b_{21} & b_{22} \end{pmatrix}^\mathrm{T} H_{t-1} \begin{pmatrix} b_{11} & b_{12} \\ b_{21} & b_{22} \end{pmatrix} \qquad （6.23）$$

该模型的不足是存在维数诅咒问题，随着模型维数的增加需要估计的参数的数目会越来越多，而且增长得很快。

6.3　预测模型的比较方法

当考虑一系列的预测模型时，哪一个是最优的预测模型？是一个复杂的问题。因为在某一特定的数据或者在某一种损失函数下，得到的预测能力较好的模型，可能会在其他的损失函数或其他的类似的数据样本中不具有相同的表现。也就是说，预测模型的优劣往往是根据特定的准则函数或数据判断的，所以很难找到一个最佳的预测模型使它在所有的损失函数或者所有的数据下都具有最好的预测能力。为了克服这一难题，基于 Bootstrap 方法的 SPA 检验法被提出（Hansen and Lunde, 2005），该方法较好地解决了这一难题，但是采用 SPA 检验法时，首先需要选择基准模型，而基准模型的选择至关重要，会影响检验结果。为了克服 SPA 检验法的缺陷，本书采用 SPA 检验的修正形式——MCS 检验法，在多种损失函数的情况下，比较和分析常用的几种协方差阵预测模型的预测能力。

6.3.1 损失函数

目前已有很多方法被用来测量不同的预测模型的预测能力，比较常用的有均方误差损失函数和平均绝对误差损失函数等。针对单变量并且高频数据的真实波动是不可观测的情况，有学者提出了用几种损失函数对不同的波动模型进行排序（Hansen and Lunde，2006a，2006b）。有学者将这一研究拓展到多元的情况，并且对 16 个多元 GARCH 模型的预测能力进行了分析（Laurent et al.，2006）。下面采用 P-范数损失函数和特征值损失函数对协方差阵预测模型进行比较分析。

6.3.1.1 P-范数损失函数

Laurent 等（2006）采用的 P-范数损失函数的定义如下：令估计得到的第 t 日的 RnBMTPCOV 为 Y_t，由前面的研究知道它是积分协方差阵的一致估计量。$\hat{Y}_{it}$ 表示采用第 i 个预测模型，预测得到的第 t 日的协方差阵。两个矩阵 Y_t 和 $\hat{Y}_{it}$ 之间的 P-范数损失函数被定义为

$$L(Y_t, \hat{Y}_{it})_p = \left(\sum_{1 \leqslant k, j \leqslant n} \left| y_{kj,t} - \hat{y}_{kj,t} \right|^p \right)^{\frac{1}{p}} \qquad (6.24)$$

其中，$y_{kj,t}$ 是矩阵 Y_t 的元素，$\hat{y}_{kj,t}$ 是矩阵 $\hat{Y}_{it}$ 的元素。根据 P-范数损失函数可以构造 6 种不同的损失函数测量标准：

标准 I：$L(Y_t, \hat{Y}_{it})_1$；

标准 II：$L(Y_t, \hat{Y}_{it})_1^2$；

标准 III: $\log(L(Y_t, \hat{Y}_{it})_1)$;

标准 IV: $L(Y_t, \hat{Y}_{it})_2$;

标准 V: $L(Y_t, \hat{Y}_{it})_2^2$;

标准 VI: $\log(L(Y_t, \hat{Y}_{it})_2)$ 。

标准 I 是两个矩阵元素之间的差的绝对值之和。标准 I 的平方, 即为标准 II, 该标准是用来惩罚预测值中较大的异常值的。对标准 I 进行对数变换即得到了标准 III, 该标准用来降低有可能影响估计结果的离群值的权重。标准 IV 即为常用的 Frobenius 范数。类似于标准 II 和标准 III, 标准 V 和标准 VI 是对 Frobenius 范数标准 IV 的平方变换和对数变换。

6.3.1.2 特征值损失函数

特征值损失函数被定义为矩阵 $(Y_t - \hat{Y}_{it})^2$ 的最大特征值的平方根, 假设特征值损失函数为 $L(Y_t, \hat{Y}_{it})_E$, 则

$$L(Y_t, \hat{Y}_{it})_E = \sqrt{\lambda_{\max}(Y_t, \hat{Y}_{it})} \qquad (6.25)$$

类似于 P-范数损失函数, 考虑特征值损失函数的平方和对数变换形式, 得到基于特征值损失函数的另外三种测量标准:

标准 VII: $L(Y_t, \hat{Y}_{it})_E$;

标准 VIII: $L(Y_t, \hat{Y}_{it})_E^2$;

标准 IX: $\log(L(Y_t, \hat{Y}_{it})_E)$ 。

6.3.2 MCS 检验

基于 Bootstrap 的 SPA 检验法一经提出便得到了广泛的应用 (Hansen and Lunde, 2005), 但是采用 SPA 检验法时, 需要先选择基准模型, 基准模型的选择至关重要, 会影响最优模型的选择结果。为

了克服这一问题，MCS 检验法被提出（Hansen et al.，2005），该方法不需要选择基准模型，所有的模型都被平等看待，该方法最大的优点是承认数据的有限性，翔实的数据将会使模型的置信集 MCS 仅包含最优的模型，不翔实的数据将会使不同模型的区分较为困难，此时模型的置信集 MCS 可能包含几个甚至所有的模型。所以，MCS 方法不同于先前的没有考虑数据信息的模型选择标准，模型的置信集所包含的最优模型可能不止一个。

MCS 检验的具体实验过程如下：首先假设存在 m_0 个候选模型，即 $M_0 = \{1, \cdots, m_0\}$，采用每个协方差阵预测模型都可以得到未来一天的协方差阵的预测，对于每一个预测值，都可以计算其相应的损失函数值，将第 i 个模型在第 t 日对应的损失函数值记为 $L_{i,t}(i = 1, \cdots, m_0)$。对于 M_0 中的任意两个候选的模型 $i < j$，就可以计算相对应的协方差阵预测值的相对损失函数，其表达式如下：

$$d_{ij,t} \equiv L_{it} - L_{jt} \quad (i, j \in M_0) \tag{6.26}$$

MCS 检验过程是从候选的模型 M_0 中不断地将一些预测能力较差的预测模型进行剔除。因此，在每一步中，零假设为任意两个协方差阵预测模型具有相同的预测能力（EPA），即零假设为

$$H_{0M} : E(d_{ij,t} = 0) \quad \forall i, j \in M \subset M_0$$

在 MCS 检验的第一步中，取 $M = M_0$，当显著水平为 α 时，如果拒绝零假设 H_0，则表现最差的预测模型将会被剔除，这一过程将一直会持续下去，直到不再出现拒绝零假设的情况，最后得到 MCS 检验的幸存模型的集合，将该集合记为 $\hat{M}_\alpha^*$。若在所有的检验过程中，显著性水平都是固定的为 α，则 $\hat{M}_\alpha^*$ 包含了候选模型集合 M_0 在置信水平为 $1 - \alpha$ 下的最优预测模型。MCS 检验过程实际上是一个序贯的剔除检验过程，该检验存在着一个缺陷：每检验一次就需要重新计算一次检验统计量，即在每一步中都需要对任意的两个预测模型的预测

能力进行检验。为了克服这一缺陷，本书根据 Hansen 和 Lunde（2005）的建议，采用范围统计量（Range Statistic）及半二次方统计量（Semi-quadratic Statistic）检验高频协方差阵预测模型的预测能力，这两个统计量的表达式形式如下：

$$T_R = \max_{\forall i,j \in M} \frac{\left|\bar{d}_{ij}\right|}{\sqrt{\text{vâr}(\bar{d}_{ij})}}, \quad T_{SQ} = \sum_{\forall i,j \in M} \frac{(\bar{d}_{ij})^2}{\text{vâr}(\bar{d}_{ij})} \qquad （6.27）$$

其中，$\bar{d}_{ij}$ 是预测模型 i 和 j 获得的协方差阵预测值的相对损失函数值的平均数，其表达式为

$$\bar{d}_{ij} = \frac{1}{M} \sum d_{ij,t} \qquad （6.28）$$

检验统计量 T_R 和 T_{SQ} 的值越大，就意味着越能拒绝零假设（两个协方差阵预测模型具有相同的预测能力，也称为 EPA 假设）。本书采用 Bootstrap 方法获得这两个检验统计量的 p 值，当 EPA 假设被拒绝时，预测能力表现最差的模型将会从集合 M 中被剔除，继续对剩余的模型进行 EPA 假设检验，直到 EPA 假设条件不会再被拒绝为止。

6.4　模型预测结果的比较

6.4.1　数据的描述

本节采用的数据是前面所提到的 6 支大盘股，它们分别是：中国联通、招商银行、中国石化、中海发展、上海汽车和宝钢股份的实时交易数据。由前面可知，这 6 支股票都发生了交易的天数共有 825 天，将全部的交易样本分为两部分，一部分样本用来估计高频数据的协方差阵，另一部分用来对高频数据的协方差阵进行预测，其中估计样本的长度 T=525 天，则预测样本的长度 N=300 天。在对高频数据

的协方差进行估计和预测时，采用的是滚动时间窗方法，对应的第 1 次的样本区间 $t=1$，2，…，525，计算出该样本的 MTPCOV，采用 MTPCOV 估计波动模型，然后再预测第 526 天的 MTPCOV。保持估计样本区间长度不变始终为 $T=525$，将估计样本时间往前移动 1 天，继而得到了第 2 次的估计样本时间区间 $t=2$，3，…，526，继而重新估计高频数据的协方差阵，得到第 527 天的 MTPCOV，重复以上的步骤，直到样本区间 $t=301$，302，…，825 时为止，这样便得到了后 300 天的 MTPCOV 的预测值。

表 6.1 是对中国联通、招商银行、中国石化、中海发展、上海汽车和宝钢股份 6 支股票的对数收益率的描述性统计分析，从该表中可以发现，这 6 支股票的对数收益率的统计差异并不大，并且对数收益率序列具有典型的尖峰厚尾特征。

表 6.1　6 支股票对数收益率的统计描述

每日的对数收益率序列	最小值	均值	最大值	标准差	偏度	峰度
中国联通	−0.135 675	0.000 980	0.110 184	0.032 187	−0.094 947	5.178 070
招商银行	−0.382 692	0.000 777	0.132 241	0.036 123	−1.572 341	20.162 940
中国石化	−0.236 487	0.001 017	0.155 397	0.035 728	−0.105 795	6.905 551
中海发展	−0.144 303	0.000 395	0.159 867	0.039 370	−0.224 304	3.956 371
上海汽车	−0.402 562	0.001 189	0.273 040	0.041 030	−0.856 279	16.33 1210
宝钢股份	−0.123 133	−0.000 035	0.115 723	0.032 562	−0.082 154	4.697 090

6 支股票的 RnBMTPCOV 是由 6 支股票的 RnBMTPRV 及任意组合的两支股票的 RnBMTPCV 构成的。

图 6.1 描述的是任选的两支股票中国石化和招商银行在整个样本期间的 RnBMTPRV 及 RnBMTPCV，在预测期间招商银行的波动性更加明显，而中国石化则相对稳定，并且离群值往往是不可预测的，很有可能会影响估计结果。

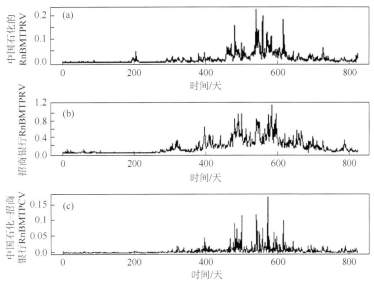

图 6.1 二维情况下的 RnBMTPRV 和 RnBMTPCV

由于高频协方差阵预测模型是 RnBMTPCOV，需要检验该协方差阵能否捕捉时间序列的长记忆性。为了保证预测的协方差阵的正定性，采用的协方差阵预测模型是在矩阵的乔列斯基分解和对数变换的基础上建立的，此时需要验证乔列斯基分解元素和矩阵的对数变换元素是否都捕捉到时间序列的长记忆性。图 6.2 绘出了整个样本期间内中国石化和招商银行的 RnBMTPCOV 的方差和协方差元素，以及该协方差阵的乔列斯基分解元素的自相关函数 ACF 图和矩阵的对数变换元素的自相关函数图。由图 6.2 可以知道，RnBMTPCOV 的乔列斯基分解元素和对数变换元素仍然捕捉到了时间序列的长记忆性，在滞后了至少 25 期时，所有的元素均具有显著的自相关系数，并且随着滞后期的增加自相关函数值缓慢地下降，从而说明在 RnBMTPCOV 的乔列斯基分解元素和基于该矩阵的对数变换元素的基础上，建立的协方差阵预测模型，一方面保证了预测的高频的协方差阵的正定性，另一方面捕捉到了时间序列的长记忆性。鉴于简便的目的，图 6.2 只是给出了二维情况下 RnBMTPCOV 的自相关函数图，对于多维的

RnBMTPCOV，其情况与二维的类似。

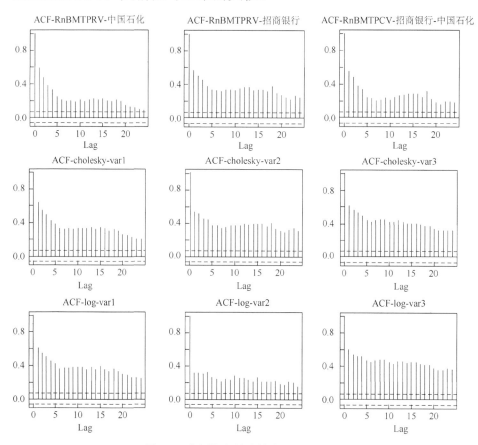

图 6.2　高频协方差阵的自相关函数图

ACF-RnBMTPRV 和 ACF-RnBMTPCV 分别表示 RnBMTPCOV 的方差和协方差阵的自相关函数，ACF-cholesky-var 表示协方差阵进行乔列斯基分解后元素的自相关函数，ACF-log-var 表示协方差阵进行对数变换后元素的自相关函数

6.4.2　多维协方差阵预测模型的比较分析

我们采用 MCS 检验法选择最优的模型（Hansen et al., 2005），由前面对 MCS 检验的介绍可以知道，MCS 检验法是选择最优预测模型较为理想的检验方法，克服了其他比较标准的缺点。

表 6.2 给出了常见的五类协方差阵预测模型在 9 种损失函数下的

MCS 检验结果，表中的数字表示 MCS 检验的 p 值，p 值越大，表示越能拒绝零假设，即对应的预测模型的表现较好。根据 Hansen 等（2005）的研究，本书设定的基准 p 值为 0.05，由 MCS 检验的原理可以知道 p 值小于 0.05 的协方差阵预测模型为样本外预测能力较差的协方差阵预测模型，该模型将会在 MCS 检验的过程中被剔除，而 p 值大于 0.05 的协方差阵预测模型则是样本外预测能力较好的协方差阵预测模型，该模型在 MCS 检验中将能被保留。

表 6.2   不同协方差阵预测模型的 MCS 检验结果

	CF-HAR	LOG-HAR	CF-ARMA	FIVAR	DCC	BEKK
标准 I						
T_R	0.2933*	0.6500*	1.0000*	0.2546*	0	0
T_{SQ}	0.2167*	0.6400*	1.0000*	0.2332*	0	0
标准 II						
T_R	0.2700*	1.0000*	0.2700*	0.4365*	0	0
T_{SQ}	0.2467*	1.0000*	0.2467*	0.4365*	0	0
标准 III						
T_R	0	1.0000*	0	0	0	0
T_{SQ}	0	1.0000*	0	0	0	0
标准 IV						
T_R	0	1.0000*	0	0	0	0
T_{SQ}	0	1.0000*	0	0	0	0
标准 V						
T_R	0	1.0000*	0	0	0	0
T_{SQ}	0	1.0000*	0	0	0	0
标准 VI						
T_R	0	1.0000*	0	0	0	0
T_{SQ}	0	1.0000*	0	0	0	0
标准 VII						
T_R	0.9967*	0.7133*	1.0000*	0.6842*	0	0
T_{SQ}	0.9967*	0.6967*	1.0000*	0.6643*	0	0
标准 VIII						
T_R	1.0000*	0.6067*	0.4567*	0.3964*	0	0
T_{SQ}	1.0000*	0.6067*	0.4833*	0.3964*	0	0
标准 IX						
T_R	1.0000*	0.9933*	0.0433	0.0241	0	0
T_{SQ}	0.9867*	0.9933*	0.0421	0.0241	0	0

注：标有*的 p 值所对应协方差预测模型具有较好的预测能力，p 值越小则它对应的预测模型的预测能力越差

从表 6.2 中可以看出，当损失函数为 III、IV、V、VI 时，CF-ARMA 模型、CF-HAR 模型、FIVAR 模型、DCC 模型、BEKK 模型这四类模型无论是基于 T_R 统计量，还是基于 T_{SQ} 统计量，得到的 MCS 检验的 p 值都为 0，都小于基准 p 值 0.05，表明这四类协方差阵预测模型在 MCS 检验过程中将会被剔除，唯一被保留的是基于矩阵的对数变换的 LOG-HAR 模型。因此，当损失函数为 III、IV、V、VI 时，LOG-HAR 模型是样本外预测能力最好的模型。当损失函数为 I、II、VII、VIII 时，DCC 模型、BEKK 模型无论是基于 T_R 统计量，还是基于 T_{SQ} 统计量，得到的 MCS 检验的 p 值都为 0，也都小于基准 p 值 0.05，从而这两类模型在 MCS 检验过程中将会被剔除，CF-ARMA 模型、LOG-HAR 模型、CF-HAR 模型及 FIVAR 模型的 p 值都大于 0.05，在 MCS 检验过程中将会被保留，但是此时无法判断这三类模型孰好孰坏。因此，当损失函数为 I、II、VII、VIII 时，相对于低频协方差阵预测模型如 DCC 模型、BEKK 模型而言，基于高频数据的 CF-ARMA 模型、LOG-HAR 模型、CF-HAR 模型及 FIVAR 模型是样本外预测能力最好的模型。当损失函数为 IX 时，CF-ARMA 模型、FIVAR 模型、DCC 模型、BEKK 模型无论是基于 T_R 统计量，还是基于 T_{SQ} 统计量，得到的 MCS 检验的 p 值都小于基准 p 值 0.05，从而这三类模型在 MCS 检验过程中将会被剔除，LOG-HAR 模型、CF-HAR 模型的 MCS 检验的 p 值都大于 0.05，在 MCS 检验过程中最终被保留，但是此时仍然无法判断这两类模型孰好孰坏。因此，当损失函数为 IX 时，LOG-HAR 模型、CF-HAR 模型是样本外预测能力最好的预测模型。

总而言之，LOG-HAR 模型在所有的损失函数下都是预测能力最好的预测模型，因此，相对于其他预测模型而言，LOG-HAR 是预测精度最高的模型。在 MCS 检验过程中，基于低频数据的 DCC 模型和 BEKK 模型在所有的损失函数下都被剔除，这两类模型的预测能力最差,从而进一步说明了高频协方差阵预测模型的预测能力要优于低频协方差阵预测模型。

6.5 本章小结

本章首先回顾了常见的多维协方差阵预测模型,对于高频协方差阵预测模型的研究是近年来高频数据研究的热点问题之一,目前还没有一个广泛被认可的模型,常见的高频协方差阵预测模型主要包括基于矩阵的乔列斯基分解的 VARFIMA 模型、基于 Wishart 分布的 WAR 模型及多元异质自回归 MHAR 模型。VAFIMA 模型能保证预测的协方差阵的正定性,但是当考虑的资产维数较多时,该模型的估计非常复杂,不易实现,为了克服该模型的弱点,可用 CF-ARMA 及 FIVAR 模型取代 VARFIMA 模型,这使模型的估计得到大大的简化,并且这两个模型一方面能保证预测的协方差阵的正定性,另一方面能捕捉到时间序列的长记忆性。Corsi 等(2009)提出的异质自回归(HAR)模型是通过一个自回归结构来对每日、每周、每月的波动成分进行加总,以此捕捉已实现波动的异质性,为了保证预测的协方差阵的正定性,本章采用了基于矩阵的乔列斯基分解和矩阵的对数变换的 CF-HAR 和 LOG-HAR 模型。

为了较好的比较本书所考虑的五种协方差阵预测模型的预测效果,本章采用了效果较高的 MCS 检验法来对它们进行比较。通过研究发现,LOG-HAR 模型在所有的损失函数下都是预测能力最好的预测模型,并且基于高频数据的几类协方差阵预测模型的预测效果明显要优于基于低频数据的 DCC 模型和 BEKK 模型的效果。因此,在第 7 章的研究中,我们将采用 LOG-HAR 模型来对高频数据的协方差阵进行预测。

7 金融高频协方差阵在投资组合中应用的实证分析

7.1 高频数据在投资组合中应用问题的提出

7.1.1 引言

　　现代投资组合理论大多是从组合风险控制的角度展开的,金融资产的协方差阵扮演着重要的角色,协方差阵的估计越精确,应用在投资组合时会使不同资产权重的分配越合理,越能降低组合风险,提高组合效率。以往学者们大多采用低频数据估计资产的协方差阵,但是随着金融市场的不断发展,需要对金融市场进行更深层次的研究,低频数据已经不能满足研究需求,而高频数据可获得性的提高,使国内外很多学者开始对高频数据进行研究,利用高频数据来估计资产的协方差阵,并将高频协方差阵应用在投资组合中来提高组合效率,降低组合风险。有学者采用抽样频率为 5 min 的金融资产的收益率数据,估计金融高频协方差阵并将其应用在投资组合中,通过最优化求解方法估算资产组合的权数（Fleming et al., 2003）。Fleming 等（2013）指出尽管在估计高频数据的协方差阵时会存在估计误差,但是基于高频协方差阵的投资组合的风险要低于基于低频协方差阵的投资组合,因此,投资者会更喜欢采用高频协方差阵构建投资组合。有学者考虑市场微观结构噪声对高频协方差阵估计的影响,采用标准普尔 100 指数样本股比较基于不同抽样频率估计的高频协方差阵的效果,并将其应用在投资组合中,通过研究发现经过降噪处理后的高频协方差阵应用在投资组合时,具有更好的表现,组合风险更小（de Pooter et al.,

2008）。有研究则指出，将高频协方差阵应用在投资组合时，为了能够更好地估算组合权重，需要选择合理的估计方法和预测模型对高频协方差阵进行估计和预测，否则会产生较大的偏差，影响所构造的投资组合的有效性（Bandi and Russell, 2008）。有学者发现高频协方差阵应用在投资组合中的效果和组合权重更新的频率有关，当资产组合权数的更新频率较快时，较低频数据的协方差阵而言，由高频数据的协方差阵构造的投资组合风险更小（Liu, 2009）。但是当资产组合的权数更新较慢，即组合的持有周期更长时，高频协方差阵构造的投资组合的投资收益，要低于低频协方差阵构造的投资组合，这是因为高频协方差阵构造的投资组合的投资交易成本会明显增加。有学者提出用全距的方法计算高频数据的协方差阵，发现无论投资组合权数的更新频率是日、周，还是月，较低频协方差阵而言，基于全距方法的协方差阵均具有最好的表现，具有稳定的超额收益（Bannouh et al., 2009）。Hautsch 等（2011）指出，用高频数据计算投资组合的权重时，应该对高频协方差阵进行合理的估计和预测。他们采用分块的 KCOV 对高频协方差阵进行估计，并提出了 MSSC 模型对高频协方差阵进行预测，通过研究发现无论投资组合权重的更新频率是日、周，还是月，基于高频数据的协方差阵应用在投资组合时较低频协方差阵而言具有更好的表现。

高频协方差阵的估计及其在投资组合中的应用已是学术界研究的热点问题之一，从目前的研究来看，将高频数据的协方差阵应用在投资组合时，主要有两个关键的问题需要考虑：①高频协方差阵的估计和预测是非常重要的，在目标函数一定的情况下，构建的投资组合的效果取决于对高频协方差阵的估计和预测是否准确。Andersen 等（2003a, 2003b）提出的 RCOV 是最常用的高频协方差矩阵估计方法，但是当市场上存在市场微观结构噪声和跳跃时，由于 RCOV 没有考虑噪声和跳跃的影响，所以 RCOV 不再是积分协方差阵的一致估计量，RCOV 主要估计的有可能是组合噪声的协方差阵，而不是资产的有效价格的协方差阵。因此，当金融市场不满足有效市场的假定时，采用 RCOV 构建投资组合会使组合效率较低，产生偏误。本章将采用表现较好的 LOG-HAR 模型对高频协方差阵进行预测。②当投资组合的调整频率发生变化时，与之相对应的资产组合的收益也会随之发生变化。在对不同的协方差阵构造的投资组合的投资效率进行比较时，还应该考虑投资组合调整周期的变化对构造的投资组合的影响。

国内的研究大多是采用多元 GARCH 模型估计和预测低频数据的协方差阵，进而将其应用在投资组合中，而对于高频数据的协方差阵的估计及其在投资组合中的应用的研究还非常少，本章拓展了这一研究，将 MTPCOV 及 RnBMTPCOV 应用在投资组合中，同时将 MTPCOV 和 RnBMTPCOV 的估计效果与其他高频协方差阵估计方法的估计效果进行比较，并采用多种比较标准，将高频协方差阵在投资组合中的应用效果与低频协方差阵在投资组合中的应用效果进行了比较研究。

7.1.2　投资组合优化问题

对于最优投资组合构造问题的研究有很长的历史。1952 年，H. Markowitz 提出了投资组合理论，他也首次对投资管理中两个基础性概念（风险和收益）进行了准确的定义，同时将风险和收益作为描述合理投资目标的缺一不可的两个重要条件，他认为理性的投资者会在给定的波动水平下寻求最大的期望收益。Markowitz 投资组合理论一方面为分散投资提供了必不可少的理论依据，另一方面也为如何有效地进行分散投资提供了分析框架。但是该模型在实际应用中仍然存在一些局限性。首先，最优的投资组合倾向于过分的集中于全套的资产或证券的有限子集内。其次，权重最优解的不稳定性，输入数据的微小变化会使资产权重发生很大的变化。为了克服 Markowitz 投资组合理论的局限性，一些研究提出了其他方法处理这些问题，如组合重采样方法及稳健的资产分配方法等，但是这些方法也都有它们各自的缺点。并且对于投资者额外的计算负担也是非常棘手的问题，因为他们需要计算一大套方案的解。纵观整个金融市场，发现大部分的投资者更喜欢用启发式的解决方案，因为在实际应用中，其计算简单，得到的最优解稳定，并且该方案不再依赖于期望收益。比较常用的两个方案是最小方差投资组合方案和等权重投资组合方案，近年来，股票基金最优组合的选择很多采用了最小方差投资组合方案，因为解是唯一的，该方法计算比较简便，但是采用该方法往往会存在投资组合高度集中的缺点。解决该问题的一个简单而自然的方式是将考虑的所有资产赋予相同的权重，即等权重投资组合，等权重投资组合也有明显的缺点，即当组合内不同资产的风险存在着较大差异时，采用该组合会使风险的分担有限。

Maillard 等（2010）提出等比例风险的投资组合方法，其思想是：通过不断地对金融资产的权数进行调整，使每一个资产在投资组合中所占的风险比例是相同的。该方法的具体描述如下：

假定 n 个资产的收益向量为 $R_t = (r_{1t}, r_{2t}, \cdots, r_{nt})$，其中 r_{it} 是第 i 种资产在第 t 日的收益率。向量 $W_t = (w_{1t}, w_{2t}, \cdots, w_{nt})$ 是 n 种风险资产在第 t 日的权重向量，即 w_{it} 是第 i 种风险资产在第 t 日的权重，n 种资产的投资组合的协方差矩阵为

$$W_t'\Sigma_t W_t = \sum w_{it}^2 \sigma_i^2 + \sum_i \sum_{j \neq i} w_{it} w_{jt} \sigma_{ij} \qquad (7.1)$$

其中，σ_i^2 是第 i 种资产的方差，σ_{ij} 是资产 i 和 j 之间的协方差，Σ_t 表示的是第 t 日资产的协方差矩阵。因此第 i 个资产的边际风险比例可以写为

$$\vec{\sigma}_{it} = \frac{\partial \sqrt{W_t' \Sigma_t W_t}}{\partial w_{it}} = \frac{w_{it}\sigma_i^2 + \sum_{j \neq i} w_{jt}\sigma_{ij}}{\sqrt{W_t' \Sigma_t W_t}} \qquad (7.2)$$

当 $\vec{\sigma}_{it}$ 增加时，将减少该资产的权数 w_{it}，相反，当 $\vec{\sigma}_{it}$ 减少时，应增加该资产的权数 w_{it}，直到满足：$w_{it}\vec{\sigma}_{it} = w_{jt}\vec{\sigma}_{jt}$，即任意的两个资产 i 和 j 的投资组合的风险比例相等。实际上，等比例风险投资组合的思想类似于最小方差风险组合的思想，它们都是通过控制组合风险求解投资组合的权数。它们的主要区别在于等比例风险投资组合是靠控制各个金融资产的风险比例，使各个资产所占的风险比例相等以确定资产的组合权数的，从而避免了最小方差投资组合的组合权数的异常波动情况。本章将采用等比例风险组合方法寻找最优组合的权重。该组合的权数满足：

$$\begin{aligned} \min \quad & \sum_i \sum_{j \neq i} (w_{it}\vec{\sigma}_{it} - w_{jt}\vec{\sigma}_{jt})^2 \\ \text{s.t} \quad & \sum w_{it} = 1, \, 0 \leqslant w_{it} \leqslant 1 \end{aligned} \qquad (7.3)$$

由式（7.2）和式（7.3）可以发现，协方差 Σ_t 的估计是非常关键的问题，权数 w_{it} 的估算是与 Σ_t 密切相关的，Σ_t 的估计值越精确，不同资产的权数分配就越合理。本章将利用序列二次规划（SQP）算法求解出满足式（7.3）的组合权数。

7.2 实证分析方法介绍

7.2.1 动态投资组合策略——波动择时策略

金融资产波动的可预测性使投资者更加愿意对金融市场进行跟

踪，他们希望能够通过预测资产组合未来的协方差阵调整自己的投资组合，以期获得更高的期望效用。而这种通过预测投资组合的收益波动情况，以改变资产配置的投资策略称为波动择时策略。国外的很多学者已经关注并采用了波动择时策略进行研究分析，如有学者研究了波动率的可预测性对投资组合价值的影响（Copeland, 1999）；有些研究中也采用了波动择时策略，并将采用该策略得到的资产组合的经济价值与传统的静态投资策略的经济价值进行了比较，结果表明采用波动择时策略得到的投资组合具有较好的表现（Fleming et al., 2003；de Pooter et al., 2008）。

波动择时策略是建立在马科维茨的均值-方差框架的基础之上的，马科维茨的均值-方差模型将投资组合的协方差矩阵视为不变，没有考虑由于市场的变化而将资产组合进行调整，属于静态的投资策略。本章采用的波动择时策略则根据市场的变化来对资产组合进行调整，属于动态的投资策略。

7.2.2 动态投资组合的比较方法

为了对基于不同的协方差阵估计方法构造的投资组合的效果进行比较分析，需要一些比较方法，典型的有考虑交易成本的经济福利分析和动态投资组合的 Sharpe 比率比较方法。

7.2.2.1 考虑交易成本的经济福利分析

本书采用的是等比例风险组合，不同的协方差矩阵的估计方法得到的估计值不同，将不同的协方差阵估计值应用到投资组合时，也将会得到不同的等比例风险权重。为了对不同的协方差阵估计方法应用在投资组和中的效果进行比较分析，可以从效用函数的角度对它们的经济福利进行分析。

假定投资者的二次效用函数为

$$U(R_{Pt}) = W_0\left(1 + R_{Pt} - \frac{\gamma}{2(1+\gamma)}(1+R_{Pt})^2\right) \qquad (7.4)$$

其中，$R_{Pt} = w_t r_t$，w_t 是所考虑的资产的在第 t 日的权重向量；r_t 是不同资产在第 t 日的收益率向量，r_t 里的每个元素都是对应资产在第 t 日内的高频数据收益率的和；R_{Pt} 是第 t 日的投资组合收益率；系数 γ 是投资者的风险厌恶系数，γ 的取值为 1～10；W_0 是投资者的初始财富；$U(R_{pt})$ 是投资者在第 t 日获得的效用值。

假定参数 R_{P1t}, R_{P2t} 分别是采用不同估计方法对协方差阵进行估计，进而实施波动择时策略动态调整组合产生的组合收益。为了衡量采用另一种协方差阵估计方法代替原来的协方差阵估计方法在组合动态调整中所获得的额外收益，可以构建一个方程比较，其形式如下：

$$\sum_{t=1}^{T} U(R_{P1t}) = \sum_{t=1}^{T} U(R_{P2t} - \varDelta) \qquad (7.5)$$

其中，T 是观测时间段，如 1 周、1 月、1 年等；$\sum_{t=1}^{T} U(R_{P1t})$ 是投资者采用第一种协方差阵估计方法得到的 T 日内的总的效用值；参数 $\varDelta$ 表示一个常量，假定协方差阵估计方法的改进引起了投资组合表现的提升，则 $\varDelta$ 的取值为正，$\varDelta$ 是这两种协方差阵估计方法在组合管理方面的应用价值的差，即投资者为了能够使投资组合的表现有所提升，而每日愿意牺牲的最大收益。

需要注意的是，在上述的效用函数中，组合收益率 R_{Pt} 并没有考虑交易成本的影响。在证券市场上，投资者改变投资组合的权重，买卖各种的资产必然会带来交易成本，交易成本不可忽略，应将其考虑在二次效用函数的计算过程中。从什么角度考虑投资组合更新时的交易成本是值得研究的问题，有学者提出从换手率的角度考虑交易成本

（de Pooter et al., 2008；Liu, 2009）。假定第 t 日第 i 个资产的收益率为 $r_{i,t}$，则它的收益为 $w_{i,t}(1+r_{i,t})$，该资产 i 在第 t 日的实际权数取决于该资产的收益在总的收益中所占的比例，因此它的实际权数为 $w_{i,t}(1+r_{i,t})/(1+R_{Pt})$。$w_{i,t+1}$ 是第 i 个资产在第 $t+1$ 日的权重，它是投资者利用第 t 日的信息计算得到的。当投资者改变第 i 个资产的权数时，其交易成本为 $\left| w_{i,t+1} - w_{i,t}(1+r_{i,t})/(1+R_{Pt}) \right|$，假定交易成本在每单位的交易额中所占的比例为一个固定的常数 c，为了简化计算，假定投资者的初始财富 $W_0 = 1$，则第 t 日的组合资产的总的交易成本为

$$C_t = \sum_{i=1}^{n} \left| w_{i,t+1} - w_{i,t}(1+r_{i,t})/(1+R_{Pt}) \right|, \quad i = 1 \cdots n \quad (7.6)$$

假定考虑交易成本的净收益为 R_{Pt}^N，则 $R_{Pt}^N = R_{Pt} - C_t$，所以投资者的净效用函数为

$$U(R_{Pt}^N) = W_0 \left(1 + R_{Pt}^N - \frac{\gamma}{2(1+\gamma)}(1+R_{Pt}^N)^2 \right) \quad (7.7)$$

假定考虑了交易成本的两种协方差的估计量的净收益分别为 R_{P1t}^N, R_{P2t}^N，为了测量用第二种协方差阵估计方法 R_{P2t}^N 代替原来的协方差阵估计方法 R_{P1t}^N，在组合的动态调整过程中所获得额外收益，可以构建的方程的形式为

$$\sum_{t=1}^{T} U(R_{P1t}^N) = \sum_{t=1}^{T} U(R_{P2t}^N - \Delta) \quad (7.8)$$

综上所述，从效用函数的角度，对不同协方差阵的考虑交易成本的经济福利进行分析时，具体的计算步骤为：

（1）根据式（7.3）求解每日的权重向量 w_t，其中 w_{it} 是第 i 个资产在第 t 日的权重值。由 $R_{Pt} = w_t r_t$，计算投资组合的收益 R_{Pt}。

（2）根据式（7.6）求解第 t 日的组合资产的总的交易成本 C_t，由 $R_{Pt}^N = R_{Pt} - C_t$ 得到投资组合的净收益 R_{Pt}^N。

（3）将投资组合的净收益 R_{Pt}^N 代入式（7.7），得到投资者的净效用函数。

（4）根据方程（7.8）测量用第二种协方差阵估计方法 R_{P2t}^N 代替原来的协方差阵估计方法 R_{P1t}^N，在组合的动态调整过程中所获得的额外收益。

根据前人的研究，如果每日的交易成本较大，交易成本将会对冲掉相当一部分的组合绩效，此时更新组合的频率应低一些（de Pooter et al., 2008；Liu, 2009）。本书分别考虑了资产持有期为每天、每周、每月的投资组合的表现情况。

7.2.2.2　动态投资组合的 Sharpe 比率比较方法

Sharpe 比率是由诺贝尔经济学奖得主 W. F. Sharpe 提出的，又被称为夏普指数，用来衡量金融资产的绩效表现。Sharpe 理论的核心思想是，理性的投资者将会选择并且持有有效的资产组合，即在给定的风险水平下期望收益最大的投资组合，或者是在给定的期望水平下风险最小的投资组合（Sharpe and Tint，1990）。计算投资组合的权数时，采用不同的协方差阵估计方法计算的资产的波动并不相同，因此得到的各个资产的权数也不相同，投资组合的收益率越高并不意味着它的波动性就越小，反之，投资组合的波动性越小也并不意味着该资产的收益越高。Sharpe 比率实际反映的是风险与收益的平衡。Sharpe 比率的计算公式为

$$Sp = \overline{R} / \sigma \tag{7.9}$$

其中，$\overline{R}$ 是投资组合的平均收益，$\overline{R} = \dfrac{\sum\limits_{t=1}^{T} R_{Pt}}{T}$；$\sigma$ 是该投资组合的标准差。Sharpe 比率反映了每单位波动所得到的收益，代表投资者没多

承担一分的风险，可以拿到几分的报酬，若 Sharpe 比率为正值，则表示所获得报酬率高过波动的风险；若为负值，则表示风险大于所获得的报酬率。显然，Sharpe 比率越高，投资组合越佳，在多种投资组合中，投资者将会选择 Sharpe 比率最高的组合。

7.3　实证分析

7.3.1　样本数据的处理

本章所采用的数据，仍是前面所提到的 6 支大盘股，它们分别是：中国联通、招商银行、中国石化、中海发展、上海汽车和宝钢股份的实时交易数据。由前面可知，这 6 支股票都发生交易的天数为 825 天。将全部的样本分割为估计和预测两部分，将 2005 年 4 月 1 日至 2007 年 7 月 23 日的股票数据作为估计样本，2007 年 7 月 24 日至 2009 年 4 月 30 日的股票数据作为预测样本，其中，估计窗口的长度 $T=525$ 天，预测窗口的长度 $N=300$ 天。

波动择时策略不同于静态的投资策略，它是动态的投资组合策略，波动择时策略通过预测资产组合未来的协方差阵调整自己的投资组合，这里采用滚动窗宽对资产的协方差阵进行预测，即第 1 次的样本区间 $t=1$，2，…，525，计算该样本的协方差阵对波动模型进行估计，再预测第 526 天的协方差阵。保持估计样本区间长度不变 $T=525$，将估计样本时间往前移动 1 天，继而得到了第 2 次的估计样本时间区间 $t=2$，3，…，526，继而重新估计高频数据的协方差阵，得到了第 527 天的协方差阵。重复以上的步骤，到 $t=301$，302，…，825，即直到该时间序列的结束为止，计算出第 826 天的各资产的权数和资产的组合收益。这样便得到了后 300 天的协方差阵的预测值。

由于投资者往往会将已有的投资组合持有一段时间，而不会特别频繁地更新他所持有的投资组合的权数。因此还需要考虑一段时间内投资者持有投资组合的表现情况。这里考虑了持有周期分别为周和月的组合的权数情况，采用移动加总法计算持有周期分别为 1 周和 1 月的股票收益率，即 $R_t^d = \sum_{i=1}^{d} R_{t+i}, d=5, \; d=22$；同理，股票的协方差阵也是对每日的协方差阵进行移动加总得到，即 $\Sigma_t^d = \sum_{i=1}^{d} \Sigma_{t+i}, \; d=5, \; d=22$。采用上面提到的滚动时间窗口方法，同样可以得到持有周期为周和月的组合样本，对协方差阵进行估计和预测。

对于低频数据而言，BEKK 模型和 DCC 模型都是典型的多元 GARCH 模型。由第 5 章预测模型的比较分析可以知道，基于低频数据的多元 GARCH 模型的预测效果要低于基于高频数据协方差阵预测模型，在后面的实证分析中将采用 BEKK 模型预测低频数据的协方差阵。对于高频数据而言，LOG-HAR 模型的预测效果更好，因此，采用该模型预测高频数据的 RCOV、RBPCOV、TSCOV 及本书提出的 MTPCOV 和 RnBMTPCOV，对它们在投资组合的应用效果进行比较分析。

7.3.2 各投资组合的收益和波动分析

本章所选择的股票的样本区间是 2005 年 4 月 1 日至 2009 年 4 月 30 日，而 2007 年 12 月 24 日至 2009 年 4 月 30 日为本章选择的预测区间，在该预测期间内爆发了全球性的金融危机，使股价波动较大。

表 7.1 分别给出了 6 种协方差阵估计方法在不同的投资组合方案

下的平均收益及组合波动，为了对这 6 种方法进行更全面的比较，本章考虑了这几种协方差阵估计方法的权重调整周期分别为日、周、月的资产的收益及波动情况。由表 7.1 不难发现，本章所选择的 6 支股票在预测期间内的平均收益均为负值，这是因为在此期间爆发了全球性的金融危机，使股价暴跌。当 $d=1$ 时，即资产的权重调整周期为日，RnBMTPCOV 的组合损失最小，该估计量的波动也最小，其次是 MTPCOV 组合，组合损失最大的是基于低频数据的多元 GARCH 模型；$d=5$，即资产组合权重的调整周期为周，组合损失和波动最小的仍然是 RnBMTPCOV；当资产组合权重的调整周期为月时，即 $d=22$ 时，组合的损失和波动情况与 $d=5$ 类似，RnBMTPCOV 估计量的组合损失和波动仍然最小。

表 7.1 投资组合收益和波动情况

协方差阵	$d=1$		$d=5$		$d=22$	
估计方法	平均收益	组合波动	平均收益	组合波动	平均收益	组合波动
RCOV	−0.033 548	1.301 507	−0.035 829	1.305 367	−0.039 167	1.325 670
RBPCOV	−0.033 163	1.302 082	−0.036 159	1.305 370	−0.039 350	1.325 630
TSCOV	−0.032 692	1.299 327	−0.034 241	1.304 085	−0.037 404	1.324 440
MTPCOV	−0.031 624	1.299 494	−0.033 258	1.302 708	−0.036 358	1.322 450
RnBMTPCOV	−0.031 554	1.299 222	−0.033 146	1.302 661	−0.036 286	1.322 200
BEKK	−0.036 910	1.309 960	−0.038 203	1.322 240	−0.041 473	1.342 700

注：$d=1$，$d=5$，$d=22$ 表示投资组合调整权数的频率分别为日，周，月

7.3.3 各投资组合的经济收益分析

为了对各投资组合的经济效益进行比较分析，下面给出各投资组合的年化效用函数及不同协方差阵估计方法在资产组合中的应用价值差。

表 7.2 给出了 6 种协方差阵估计方法的年化效用函数，由表 7.2

中的结果不难发现，对于风险厌恶程度较低（$\lambda=1$）的投资者，其年化效用函数为正，表明此时对组合的权重进行动态调整使风险厌恶程度较低的投资者获得了收益；但是对于风险厌恶程度较高（$\lambda=10$）的投资者，其经济收益为负，说明风险厌恶程度较高的投资者对资产组合的权重进行动态调整时，没有获得更多的收益，还不如执行将资产买入并继续持有的策略。当组合的调整周期 $d=1$ 时，无论是对于风险厌恶程度较低的投资者（$\lambda=1$），还是对于风险厌恶程度较高的投资者（$\lambda=10$），RnBMTPCOV 估计方法得到的投资组合的经济收益是最高的，其次是 MTPCOV 估计方法，基于日数据的 BEKK 模型得到的组合收益是最小的。当组合调整周期分别 $d=5$，$d=22$ 时，各投资组合的年化效用函数情况与 $d=1$ 时相同，经济收益最高的仍然是 RnBMTPCOV 估计方法的投资组合，收益最低的是基于日数据的投资组合。

表 7.2 各投资组合的年化效用函数

协方差阵估计方法	$d=1$		$d=5$		$d=22$	
	$\lambda=1$	$\lambda=10$	$\lambda=1$	$\lambda=10$	$\lambda=1$	$\lambda=10$
RCOV	93.262 8	−67.651 2	90.933 6	−68.170 8	81.539 4	−71.078 5
RBPCOV	93.210 4	−67.840 8	90.882 4	−68.183 9	81.519 8	−71.072 2
TSCOV	93.819 1	−66.849 7	91.423 6	−67.664 5	82.011 0	−70.623 4
MTPCOV	93.952 2	−66.771 0	91.838 7	−67.147 8	82.538 4	−69.903 2
RnBMTPCOV	94.017 3	−66.561 0	91.864 7	−67.127 6	82.592 3	−69.821 7
BEKK	91.090 0	−70.776 5	87.299 2	−74.203 7	78.044 0	−76.907 0

注：$\lambda=1$，$\lambda=0$ 分别表示风险厌恶系数

由表 7.3 可以知道，基于高频数据的协方差阵估计方法应用在投资组合时，引起了投资组合表现的提升，Δ 是这两种协方差估计方法在组合管理方面的应用价值的差，它实际上是投资者为了改善投资组合而愿意牺牲的最大收益。

表 7.3 不同协方差阵估计方法在资产组合中的应用价值差

协方差阵估计方法		$d=1$		$d=5$		$d=22$	
		Δ_1	Δ_{10}	Δ_1	Δ_{10}	Δ_1	Δ_{10}
RCOV	BEKK	2.172 8	3.125 3	3.634 4	6.032 9	3.495 4	5.828 8
RBPCOV	BEKK	2.120 4	2.935 7	3.583 2	6.019 8	3.475 8	5.835 1
TSCOV	BEKK	2.729 1	3.926 8	4.124 4	6.539 2	3.967 0	6.283 9
MTPCOV	BEKK	2.862 2	4.005 5	4.539 5	7.055 9	4.494 4	7.003 8
RnBMTPCOV	BEKK	2.927 3	4.206 5	4.565 5	7.076 1	4.548 3	7.085 3
RnBMTPCOV	RCOV	0.754 5	1.081 2	0.931 1	1.043 2	1.052 9	1.256 5
RnBMTPCOV	RBPCOV	0.806 9	1.270 8	0.982 3	1.056 3	1.072 5	1.250 2
RnBMTPCOV	TSCOV	0.198 2	0.279 7	0.441 1	0.536 9	0.581 3	0.801 4
RnBMTPCOV	MTPCOV	0.065 1	0.201 0	0.026 0	0.020 2	0.053 9	0.081 5

注：Δ_1 和 Δ_{10} 代表对于风险厌恶系数分别为 1 和 10 的投资者

表 7.3 中数字表示的意思是：基于第一列协方差阵估计方法的组合相对于第二列的协方差阵估计方法的组合而言，多获得的平均年化收益率。从表 7.3 中不难发现：首先，无论组合权重调整的周期是日、周，还是月，基于高频数据的协方差阵估计方法应用在投资组合时，都使组合的表现得到了提升，较利用低频数据计算投资组合的 BEKK 模型而言，投资者获得了超额的收益。其中采用 RnBMTPCOV 所获得的组合的超额收益最高。当资产组合的权重调整周期是日、周、月时，即当 $d=1,5,22$ 时，较 BEKK 方法而言，风险厌恶程度较低（$\lambda=1$）的投资者获得的超额收益分别为 2.927 3，4.565 5，4.548 3，风险厌恶程度较高（$\lambda=10$）的投资者获得的超额收益分别为 4.206 5，7.076 1，7.085 3，可见，相对于风险厌恶程度较低的投资者而言，风险厌恶程度较高的投资者所获得年化平均收益率更高。其次，对于高频协方差阵而言，本书提出的 RnBMTPCOV 方法应用在投资组合时，使投资组合的表现有了很大的提升，较其他的高频协方差估计方法而言，采用 RnBMTPCOV 方法的投资者获得了更多的经济收益。需要注意的是，MTPCOV 方法所获的收益跟 RnBMTPCOV 方法所获的收益相比，差异并不大，这可能是因为分析的股票的数目不多及分析的

6 支股票均为大盘股，从而使数据的损失率不是很高，所以采用 RnBMTPCOV 方法估计高频数据的协方差阵时，较 MTPCOV 方法而言，协方差阵的估计精度有所提高，但并不明显。当分析股票的数据损失率较高时，采用 RnBMTPCOV 方法估计的协方差阵应用在投资组合中将会有更好的表现。

7.3.4　各投资组合 Sharpe 比率的比较

由表 7.1 得知，由于受到金融危机的影响，本书所选择的股票的平均收益率在预测期间内的平均收益为负，又因为目前中国市场没有引入做空机制，所以在该期间内大部分的 Sharpe 比率为负。当 Sharpe 比率为负时，表示风险大于所获得的报酬率，但当它为负值时，对 Sharpe 比率按大小排序并没有意义。为了对各支股票的 Sharpe 比率进行比较，可将整个的预测时期划分为下跌阶段和上涨阶段，其中下跌时期的样本长度为 200 天，它的时间范围是 2007 年 12 月 24 日至 2008 年 11 月 20 日；上涨时期的样本长度为 100 天，它的时间范围是 2008 年 11 月 21 日至 2009 年 4 月 30 日。在下跌时期，Sharpe 比率为负，同样没有比较意义。因此，表 7.4 给出了上涨时期的采用各种协方差阵估计方法所得到的投资组合的 Sharpe 比率。

表 7.4　各投资组合的 Sharpe 比率

协方差阵估计方法	$d=1$	$d=5$	$d=22$
RCOV	0.111 61	0.110 27	0.125 34
RBPCOV	0.112 15	0.109 61	0.124 76
TSCOV	0.112 62	0.113 42	0.129 53
MTPCOV	0.115 92	0.113 64	0.129 58
RnBMTPCOV	0.128 53	0.116 68	0.129 77
BEKK	0.090 27	0.088 26	0.100 69

根据表 7.4 可知，无论投资组合的权重调整周期是日、周，还是

月，RnBMTPCOV 估计方法所得到的投资组合的 Sharpe 比率要高于其他协方差阵估计方法，说明 RnBMTPCOV 的投资组合具有更好的表现，其次是 MTPCOV 方法构造的投资组合。Sharpe 比率最低的是基于日数据的 BEKK 模型所得到的投资组合，从而进一步说明了采用高频数据对协方差阵进行估计时挖掘了数据中更丰富的信息，使协方差阵的估计更加精确，应用在投资组合时有更好的表现。

表 7.4 给出了上涨时期的 Sharpe 比率，计算 Sharpe 比率时所采用的时间窗宽为固定的时间长度。当计算 Sharpe 比率的时间窗口发生变化时，Sharpe 比率的值也会随着时间窗口的变化而发生变化，为了详细反映 Sharpe 比率的变化情况，这里采用移动平均法计算该样本期间内的 Sharpe 比率。将 k 记为平滑窗宽，$\bar{R}_i^k$ 和 σ_i^k 分别为窗宽 $[i, i+1, \cdots, i+m]$ 中组合的平均收益和方差，则该区间内的 Sharpe 比率 Sp_i^k 可以写为

$$\mathrm{Sp}_i^k = \bar{R}_i^k / \sigma_i^k \qquad (7.10)$$

我们所选择的窗宽 $k=10$，图 7.1 给出了 6 种协方差阵估计方法所得的投资组合的 Sharpe 比率的变化情况。由图 7.1 不难发现，在考虑的样本期间内，无论投资者是每日、每周，还是每月更新组合权重，由 RnBMTPCOV 估计方法所得到的投资组合的 Sharpe 比率都是最高的，其次是 MTPCOV，其 Sharpe 比率仅次于 RnBMTPCOV。而由 RBPCOV、TSCOV 及 RCOV 构造的投资组合的 Sharpe 比率差别不大，Sharpe 比率最低的是基于低频数据的 BEKK 模型所得到的组合。因此，从投资组合的一个重要衡量标准 Sharpe 比率的角度可以得出两条结论：首先，本书提出的 RnBMTPCOV、MTPCOV 估计方法应用在投资组合时具有更好的表现；其次，在投资组合的权重调整周期不大于一个月时，基于高频数据的协方差阵应用在投资组合时要优于基于低频数据的协方差阵。

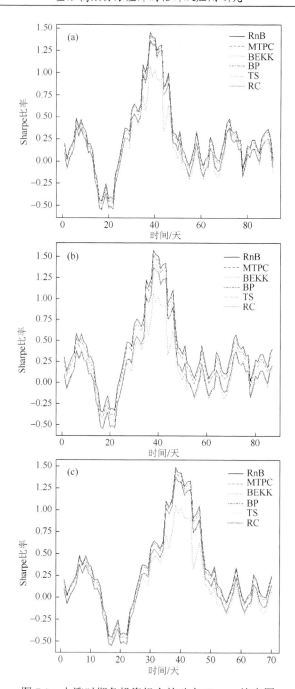

图 7.1   上涨时期各投资组合的动态 Sharpe 比率图

(a) $d=1$；(b) $d=5$；(c) $d=22$
RnB 表示 RnBMTPCOV，MTPC 表示 MTPCOV，BP 表示 RBPCOV，RC 表示 RCOV

7.4　本　章　小　结

由前面的研究可以知道，MTPCOV 同时消除了市场微观结构噪声和跳跃的影响，具有较好的统计性质。为了减少数据的损失，得到更为精确的协方差阵估计，前面又对 MTPCOV 进行了改进，提出 RnBMTPCOV，从而提高了估计精度。本章以等比例风险组合为例，对高频协防差阵在投资组合中的应用进行了研究,采用经济福利分析和 Sharpe 比率等比较标准，将 RnBMTPCOV、MTCOV 构造的投资组合与高频协方差阵估计方法 RCOV、RBPCOV、TSCOV 及低频协方差阵方法 BEKK 模型构造的投资组合进行了比较。通过研究得到了以下结论。

（1）相比于传统的高频协方差阵估计方法，新提出的高频协方差阵估计方法应用在投资组合时使组合的表现得到了提升。RnBMTPCOV、MTPCOV 构造的组合的经济收益和 Sharpe 比率要高于 RBPCOV、TSCOV 及 RCOV 构造的投资组合，而且 RnBMTPCOV 构造的投资组合具有最好的表现，这是因为 RnBMTPCOV 方法减少了数据的损失，充分利用了高频数据丰富的信息，并消除了市场微观结构噪声和跳跃的影响，准确地估计了高频数据的协方差阵，更好地刻画了金融市场的波动。

（2）当资产组合的调整周期小于 1 个月时，基于高频数据的协方差阵构造的投资组合具有更多的经济收益和更高的 Sharpe 比率，因此，较低频协方差阵构造的投资组合而言，它具有更好的表现。

参 考 文 献

卜长江，罗跃生.2002.矩阵论.哈尔滨：哈尔滨工程大学出版社.

郭名媛，张世英.2006a.基于"已实现"波动的 VaR 计算及其持续性研究.西北农林科技大学学报(社会科学版)，6(6)：42-45.

郭名媛，张世英.2006b.赋权已实现波动及其长记忆性，最优频率选择.系统工程学报，21(6)：568-573.

黄后川，陈浪南.2003.中国股票市场波动率的高频估计与特性分析.经济研究，2：75-94.

李胜歌，张世英.2007.金融波动的赋权已实现双幂次变差及其应用.中国管理科学，15(7)：9-15.

李胜歌，张世英.2008.金融高频数据的最优抽样频率研究.管理学报，5(6)：801-806.

龙瑞，谢赤，曾志坚，等.2011.高频环境下沪深 300 股指期货波动测度：基于已实现波动及其改进方法.系统工程理论与实践，31(5)：814-822.

马丹，刘丽萍.2012.基于不同频率协方差矩阵的等风险比例投资组合.投资研究，31(10)：116-129.

马丹，尹优平.2012.噪声、跳跃与高频价格波动——基于门限预平均已实现波动的分析.金融研究，382(4)：124-139.

苏冬蔚，麦元勋.2004.流动性与资产定价：基于我国股市资产换手率与预期收益的实证研究.经济研究，2：95-105.

唐勇，张世英.2006.高频数据的加权已实现极差波动及其实证分析.系统工程，24(8)：52-57.

唐勇，张世英.2007.已实现波动和已实现极差波动的比较研究.系统工程学报，22(4)：437-442.

唐勇，张世英，张瑞锋.2006.基于高频方差持续的资本资产定价模型研究.系统工程理论与实践，10：9-16.

王春峰，张蕊，房振明，等.2007.高频数据下投资组合下风险预测模型比较.系统工程，25(3)：23-28.

王芳.2010.基于市场微观结构噪声和跳跃的金融高频数据波动研究.成都：西南财经大学(博士毕业论文).

王明进，陈奇志.2006.基于独立成分分解的多元波动率模型.管理科学学报，5(9)：56-64.

魏宇.2010.沪深 300 股指期货的波动率预测模型研究.管理科学学报，13(2)：66-76.

吴有英，马玉林，赵静. 2011. 基于"已实现"波动率的 ARFIMA 模型预测实证研究. 投资研究，30 (10)：153-159.

徐正国. 2004. 金融市场高频/超高频时间序列的分析、建模与应用. 天津：天津大学（硕士毕业论文）.

徐正国，张世英. 2005. 高频时间序列的改进"已实现"波动特性与建模. 系统工程学报，20 (4)：344-350.

徐正国，张世英. 2006. 多纬高频数据的"已实现"波动建模研究. 系统工程学报，21 (1)：6-11.

姚宁. 2010. 高频数据下波动择时在动态资产配置中的应用研究. 华东经济管理，24 (6)：150-152.

叶五一，缪柏其. 2008. 应用门限分位点回归模型估计条件 VaR. 系统工程学报，23 (2)：154-160.

张蕊，王春峰，房振明，等. 2009. 考虑组合动态调整效率的相关性估计模型比较. 中国管理科学，17 (1)：1-6.

Admati A L，Pfleiderer P. 1988.A theory of intraday patterns:volume and price variability. The Renew of Financial Studies，1：3-40.

Aït-Sahalia Y，Fan J，Xiu D. 2010. High frequency covariance estimates with noisy and asynchronous financial data. Journal of the American Statistical Association，105：1504-1517.

Aït-Sahalia Y，Mykland P A，Zhang L. 2005. How often to sample a continuous-time process in the presence of market microstructure noise. Review of Financial Studies，18 (2)：351-416.

Alizadeh S，Brandt M W，Diebold F X. 2002. Range-based estimation of stochastic volatility models. The Journal of Finance，57 (3)：1047-1091.

Andersen T G，Bollerslev T. 1996. Heterogeneous information arrivals and return volatility dynamics：uncovering the long-run in high frequency returns. Journal of Finance，52：975-1005.

Andersen T G，Bollerslev T. 1997. Intraday periodicity and volatility persistence in financial markets. Journal of Empirical Finance，4：115-158.

Andersen T G，Bollerslev T. 1998. Answering the critics：Yes，ARCH models do provide good volatility forecasts. Inter-national Economic Review，39 (4)：885-905.

Andersen T Q，Bollerslev T，Cai J. 2000. Intraday and interday volatility in the Japanese stock market. Journal of International Markets，10：107-130.

Andersen T G，Bollerslev T，Christoffersen P F，et al. 2005. Practical volatility and correlation modeling for financial market risk management//Carey M，Stulz R. Risks of Financial Institutions. Chicago：University of Chicago Press for NBER.

Andersen T G，Bollerslev T，Cai J. 2000a. Intraday and interday volatility in the Japanese stockmarket. Journal of International Markets，10：107-130.

Andersen T G，Bollerslev T，Diebold F X，et al. 2000b. Exchange rate returns standardized by realized volatility are(Nearly)Gaussian. Multinational Finance Journal，4：159-179.

Andersen T G，Bollerslev T，Diebold F X，et al. 2001a. The distribution of exchange rate volatility. Journal of American Statistical Associationt，96：42-55.

Andersen T G，Bollerslev T，Diebold F X，et al. 2001b. The distribution of realized stock return volatility. Journal of Financial Economics，61：43-76.

Andersen T G，Bollerslev T，Diebold F X，et al. 2003a. Modeling and forecasting realized volatility. Journal of Econometrica，71(2)：579-625.

Andersen T G，Bollerslev T，Diebold F X，et al. 2003b. Realized beta：persistence and predictability. http://eeonweb. rutgers. edu/nswanson/papers/conf/abdw 121103. pdf[2015-11-01].

Andersen T G，Bollerslev T，Dobrev D. 2007. No-arbitragesemi-martingale restrietions for eontinuous-time volatility models subject to leverage effects，jumps and IID noise：theory and testable distributional implications. Journal of Econometrics，138(1)：125-180.

Andersen T G，Dobrev D，Schaumburg E. 2008. Jump robust volatility estimation using nearest neighbor truncation. Journal of Econometrics. 169(1)：75-93.

Areal N M，Taylor S J. 2002. The realized volatility of FTSE-100 futures prices. Journal of Futures Markets，22(7)：627-648.

Asai M，Mcaleer M，Yu J. 2006. Multivariate stochastic volatility：A review. Econometric Reviews，25：145-175.

Bai X，Rusell J，Tiao G. 2000. Beyond merton's utopian：effects of dependence and non-normality on variance. estimates using high-frequency data. Working paper，5：7

Bandi F M，Russell J R. 2005. Realized covariation，realized beta and microstructure noise. http://faculty. chicago booth. edu/federico. bandi/research/rcov. pdf[2015-11-01].

Bandi F M，Russell J R. 2008. Microstructure noise，realized volatility，and optimal sampling. Review of Economic Studies，75：339-369.

Bannouh K，Dijk D，Martens M. 2009. Range-based covariance estimation using high-frequency data：the realized co-range. Social Science Electronic Publishing，7(4)：341-372.

Barndorff-Nielsen O E，Graversen S E，Jacod J，et al. 2006a. Limit theorems for bipower variation in financial econometrics. Econometric Theory，22(4)：677-719.

Barndorff-Nielsen O E，Hansen P R，Lunde A，et al. 2008. Designing realized kernels to measure the expostvariation of equity prices in the presence of noise. Eeonometric，76(6)：1481-1536.

Barndorff-Nielsen O E, Hansen P R, Lunde A, et al. 2011. Multivariate realised kernels: consistent positive semi-definite estimators of the covariation of equity prices with noise and non-synchronous trading. Ssrn Econometrics Journal, 162(2): 149-169.

Barndorff-Nielsen O E, Shephard N. 2002. Econometric analysis of realized covariation: high frequency based covariance, regression, and correlation in financial economics. Journal of the Royal Statistical Society, 64: 253-280.

Barndorff-Nielsen O E, Shephard N. 2004a. Measuring the impact of jumps in multivariate price processes using bipower covariation. https://www. cass. city. ac. uk/__data/assets/pdf_file/0004/64876/BarndorffNielsen-Shephard. pdf[2015-11-01].

Barndorff-Nielsen O E, Shephard N. 2004b. Econometric analysis of realized covariation: high frequency based covariance, regression, and correlation in financial economics. Econometrica, 72: 885-925.

Barndorff-Nielsen O E, Shephard N. 2004c. Power and bipower variation with stochastic volatility and jumps. Journal of Financial Econometrics, 2(1): 1-37.

Barndorff-Nielsen O E, Shephard N. 2006. Econometrics of testing for jumps in financial economics using bipower variation. Journal of Financial Econometrics, 4(1): 1-30.

Barndorff-Nielsen O E, Shephard N, Winkel M. 2006b. Limit theorems for multipower variation in the presence of jumps. Stochastic Processes and Their Applications, 116(5): 796-806.

Bauer G H, Vorkink K. 2006. Multivariate realized stock market volatility. SSRN Electronic Journal, 160(1): 93-101.

Bauwens L, Laurent S, Rombouts J. 2006. Multivariate garch models: A survey. Journal of Applied Econometrics, 21(1): 79-109.

Bauwens L, Giot P, Gramming J, et al. 2004. A comparsion of financial duration models via density forcasts. International Journal of Forcasting, 20: 589-609

Beltratti A, Morana C. 2001. Deterministic and stochastic methods for estimation of intra-day seasonal components with high frequency data. Economic Notes, 30(2): 205-234.

Blair B J, Poon S H, Tarlor S J. 2001. Forecasting S&P 100 volatility: The incremental information content of implied volatilities and high frequency index returns. Journal of Econometrics, 105: 5-26.

Bollen B, Inder B. 2002. Estimating daily volatility in financial markets utilizing intraday data. Journal of Empirical Finance, 9: 551-562.

Bollerslev T, Domowitz I. 1993. Trading Patterns and Price in the Interbank Foreign Exchange Market. Journal of Finance, 48: 1421-1443

Bollerslev T, Law T, Tauchen G. 2008. Risks, jumps and diversification. Journal of

Econometrics，144：234-256.

Bonato M，Caporin M，Ranaldo A. 2009. Forecasting realized(co)variances with a block structure wishart autoregressive model. http://www. snb. ch/n/mmr/reference/working_paper_2009_03/source[2015-11-01].

Boudt K，Croux C，Laurent S. 2011. Outlyingness weighted covariation. Journal of Financial Econometrics，9(4)：657-684.

Boudt K，Zhang J. 2013. Jump robust two time scale covariance estimation and realized volatility budgets. Journal of Business and Management，18(2)：1041-1054.

Briner B，Connor G. 2008. How much structure is best? acomparison of market model，factor model and unstructured equity covariance matrices. Journal of Risk，10(4)：3-30.

Brock W A，Klcidon A W. 1992. Periodic market closure and trading volume. Journal of Economic Dynamic and Control，16：451-489.

Campbell D H，Clow D W，Ingersoll G P，et al. 1997.Processes controlling the chemistry of two snowmelt-domi-nated streams in the Rocky Mountains, Water Resour. Res.，31：2811-2821.

Campbell R，Huisman，Koedijk K. 2001. Optimal portfolio selection in a Value-at-Risk framework. Journal of Banking and Finance，25(9)：1789-1804.

Chiriac R. 2006. Estimating realized volatility wishart autoregressive model. http://s3. amazonaws. com/ zanran_storage/ www. uni-konstanz. de/ContentPages/17880488. pdf [2015-11-01].

Chiriac R，Voev V. 2007. Long memory modelling of realized covariance matrices. http://www. fe. ualg. pt/conf/mvm/ pdf/Chiriac，%20Voev. pdf[2015-11-01].

Chiriac R，Voev V. 2011a. Modeling and forecasting multivariate realized volatility. Journal of Applied Econometrics，26(6)：922-947.

Chiriac R，Voev V. 2011b. Forecasting multivariate volatility using the VARFIMA model on realized covariance Cholesky factors. Journal of Economics and Statistics，231(1)：134-152.

Christensen K，Kinnebrock S，Podolskij M. 2010a. Pre-averaging estimators of the ex-post covariance matrix noisy diffusion models with non-synchronous data. Journal of Econometrics，159(1)：116-133.

Christensen K，Oomen R，Podolskij M. 2010b. Realised quantile-based estimation of the integrated variance. Journal of Econometrics，159(1)：74-98.

Christensen K，Podolskij M. 2005. Asymptotic theory for range-based estimation of integrated variance of a continuous semi-martingale. Aarhus School of Business，12：17-28.

Corsi F. 2005. Measuring and modelling realized volatility：From tick-by-tick to long memory. Lugano Mendrisio：University of Lugano.

Corsi F. 2009. A simple approximate long memory model of realized volatility. Journal of Financial Econometrics，7：174-196.

Corsi F，Pirino D，Renò R. 2009. Threshold bipower variation and the impact of jumps on volatility forecasting. Journal of Econometrics，159：276-288.

Dacorogna M M，Müller U A，Nagler R J，et al. 1993. A geographical model for the daily and weekly seasonal volatility in the foreign exchange market. Journal of International Money and Finance，12(4)：413-438.

Dacorogna M M，Müller U A，Jost C，et al. 1994. Heterogeneous real-time trading strategies in the foreign exchange market. Presentation paper，4：383-403.

Dacorogna M M，Gauvreau C L，Müller U A，et al. 1996. Changing time scale for short-term forecast in the financial market. Journal of Forecasting，15(3)：302-327

Dacorogna M M，Gauvreau C L，Müller U A，et al. 1998. Modeling short-term volmility with GARCH and HARCH. Journal of Applied Probability，20：5-10.

de Pooter M，Martens M P，Van Dijk D J. 2008. Predicting the daily covariance matrix for S&P 100 stocks using intraday data-but which frequency to use. Econometric Reviews，27：199-229.

Diebold F X，Lopez J A. 1996. Forecast evaluation and combination. Handbook of Statistics，14：241-268.

Diamond G，Verreahia H. 1997. Conditional Heteroskedasticity in Time Series of Stock Returns: Evidence and Forecasts. Journal of Business，62(1)：55-80

Drost E C，Nijman T E. 1993. Temporal aggregation of GARCH process. Journal of Econometrica，61：909-927

Dufour A，Engle R F. 2000. The ACD model:predictability of the time between consecutive trades. http：//www.icmacentre.ac.uk/pdf/discussion/DP2000-05.pdf[2015-11-01].

Dunis C，Zhou B. Series.1998. Nonlinear Modelling of High Frequency Financial Time Series. New Jersey：wiley 3-6

Ebens H. 1999. Realized stock volatility. http://www. mendeley.eom/research/realized-stock-volatility[2015- 11-01].

Engle R F. 2002. Dynamic conditional correlation：A simple class of multivariate generalized autoregressive conditional heteroskedasticity models. Journal of Business and Economic Statistics，20：339-350.

Engle R F. 2009. High Dimensional Dynamic Correlations. Oxford：Oxford University Press.

Engle R F，Colacito R. 2005. Testing and valuing dynamic correlations for asset allocation. Journal of Business and Economic Statistics，24(2)：238-253.

Engle R F，Kroner F K. 1995. Multivariate simultaneous generalized ARCH. Journal of Econometric Theory，11：122-150.

Engle R F，Mezrich J. 1996. GARCH for groups. Risk，8：36-40.

Engle R F，Russel J R，1998. Autoregressive conditional duration：a new model for irregularly spaced transaction data. Journal of Econometrica，66（5）：1127-1162.

Engle R F，Shephard N，Sheppard K. 2008. http://www. economics. smu. edu. sg/femes/2008/IS_Papers/Shephard. pdf[2015-11-01].

Engle R F，Sheppard K. 2007. Evaluating the specification of covariance models for large portfolios. http://citeseerx. ist. psu. edu/viewoc/summar/?doi=10.1.1.466.8051[2015-11-01].

Epps T. 1979. Comovement in stock prices in the very short runs. Journal of the American Statistical Association，74：291-298.

Falkenberry T N. 2002. High frequency data filtering. Technical Report，Tick Data.

Ferdnandes M，Graming J. 2006. A family of autoregressive conditional duration models. Journal of Econometrics，130：1-23.

Fleming J，Kirby C，Ostdiek B. 2003. The economic value of volatility timing using realized volatility. Journal of Financial Economics，（67）：473-509.

Gallant R，Hsu C T，Tauchen G. 1999. Using daily range data to calibrate volatility diffusions and extract the forward integrated variance. The Review of Economics and Statistics，81（4）：617-631.

Gourieroux C，Jasiak J，Sufana R. 2009. The wishart autoregressive process of multi-variate stochastic volatility. Journal of Econometrics，150（2）：167-181.

Goodhart C，Figliouli L. 1991. Every minute counts in financial markets. Journal of International Money and Finance，10：23-52.

Grammig J，Wellner M. 2002. Modeling the interdependence of volatility and inter-transaction duration processes. Journal of Econometrics，106：369-400.

Hansen P R，Lunde A. 2004. An unbiased measure of realized variance. http://PaPers. ssm. eom/sol3/papers. cfm?abstract_id=524602[2015-11-01].

Hansen P R，Lunde A. 2005. A forecast comparison of volatility models：does anything beat a GARCH（1，1）. Journal of Applied Econometrics，20：873-889.

Hansen P R，Lunde A. 2006a. Realized varince and market microstructure noise. Journal of Business and Economic Statistics，24：127-161.

Hansen P R，Lunde A. 2006b. Consistent ranking of volatility models. Journal of Econometrics，131：97-121.

Hansen P R，Lunde A. 2010. Estimating the persistence and the autocorrelation function of a time series that is measured with error. Econometric Theory，30(5)：1148-1171.

Hansen P R，Large J，Lunde A. 2008. Moving average-based estimators of integrated variance. Econometric Reviews，27：79-111.

Hansen P R，Lunde A，Nason J M. 2005. Model confidence sets for forecasting models. http://www. ucl. eu/cps/ucl/doc/ core/documents/hansen. pdf[2015-11-01].

Hansen P R，Shephard N，Barndorff-Nielsen O E，et al. 2010. Subsampling realized kernels. Journal of Eeonometrics，160(1)：204-219.

Harris F，McInish T，Shoesmith G，et al. 1995. Cointegration，error correction，and price discovery on informationally linked security markets. Journal of Financial and Quantitative Analysis，30：563-581.

Harris L. 1986. A transactions data study of weekly and intraday patterns in stock returns. Journal of Financial Economics，16：99-117.

Hasbrouck J. 1999. The dynamics of discrete bid and ask quotes. Journal of Finance，54：2109-2142.

Hausman J A，Lo A W，MacKinlay A C. 1992. An ordered probit analysis of transaction stock prices. Journal of Financial Economics，31：319-379.

Hautsch M，Kyj L M，Malec P. 2011. The Merit of High-Frequency Data in Portfolio Allocation. http://papers. ssrn. com/sol3/papers. cfm?abstract_id=1926098[2015-11-01].

Hautsch N，Podolskij M. 2010. Preaveraging-based estimation of quadratic variation in the presence of noise and jumps：theory implementation，and empirical evidence. Journal of Business and Economic Statistics，31(2)：165-183.

Hayashi T，Yoshida N. 2005. On covariance estimation of non-synchronously observed diffusion processes. Bernoulli，11(2)：359-379.

Hol E，Koopman S J. 2002. Stock Index Volatility Forecasting with High Frequency Data. https://www.researchgate.net/publication/4792420_Stock_Index_Volatility_Forecasting_with_ High_Frequency_Data[2015- 11-01].

Huang X，Tauchen G. 2005. The relative contribution of jumps tottal price variance. Journal of Financial Econometrics，3：456-499.

Jacod J，Li Y，Mykland P，et al. 2009. Microstructure noise in the continuous case：the pre-averaging approach. Stochastic Processes and Their Applications，119(7)：2249-2276.

Jagannathan R，Ma T. 2003. Risk reduction in large portfolios：why imposing the wrong constraints helps. Journal of Finance，58：1651-1683.

Koopman S J，Jungbacker B，Hol E. 2005. Forecasting daily bariability of the S&P100 stock index using historical，realized and implied volatility measurements. Journal of Empirical

Finance，12（3）：445-475.

Lacroix. 2011. Forecasting daily realized covariance of financial time series using high-frequency intraday returns. http:// papers. ssrn. com/sol3/papers. cfm?abstract_id=1707363[2015-11-01].

Laloux L，Cizeau P，Bouchaud J P，et al. 1999. Noise dressing of financial correlation matrices. Physical Review Letters，83(7)：1467-1470.

Large J. 2007. Accounting for the Epps effect：Realized covariation，cointegration and common factors. http://www- leland. stanford. edu/group/SITE/archive/SITE_2007/segment_3/Large_ Epps8. pdf[2015-11-01].

Laurent S，Bauwens L，Rombouts J V K. 2006. Multivariate garch models：a survey. Journal of Applied Econometrics，21(1)：79-109.

Ledoit O，Wolf M. 2003. Improved estimation of the covariance matrix of stock returns with an application to portfolio selection. Journal of Empirical Finance，10：603-621.

Ledoit O，Wolf M. 2004. A well-conditioned estimator for large-dimensional covariance matrices. Journal of Multivariate Analysis，88(2)：365-411.

Lee S S，Mykland P A. 2008. Jumps in financial markets：a new nonparametric Test and jump dynamics. Review of Financial Studies，21(6)：2535-2563.

Liu Q. 2003. Essays on using high-frequency data in empirical asset pricing model. Evanston：Northwestern University.

Liu Q. 2009. On portfolio optimization：How and when do we benefit from high frequency data. Journal of Applied Econometrics，24(4)：560-582.

Lütkepohl H. 2005. New introduction to multiple time series analysis. Economic Theory，22(5)：961-967.

Maheu J M，Mccurdy T H. 2002. Nonlinear features of realized FX volatility. Review of Economics and Statistics，84(4)：668-681.

Maheu J M，Mccurdy T H. 2004. New arrival，Jump dynamics and Volatility components for individual stock returns. Journal of Finance，59(2)：755-793.

Maillard S，Roncalli T，Teiletche J. 2010. On the properties of equally weighted risk contributions portfolios. Journal of Portfolio Management，36(4)：60-70.

Mancini C. 2009. Non-Paralnetric threshold estirnation for models with stochastie diffusion coeffieient and jumps. Seandinavian Journal of Statistics，36(2)：270-296.

Mancini C，Gobbi F. 2009. Identifying the covariation between the diffusion parts and the co-jumps given discrete observations. http://arxiv. org/abs/math/0610621[2015-11-01].

Mancini C，Renò R. 2011. Threshold estimation of markov models with jumps and interest rate modeling. Journal of Econometrics，160(1)：77-92.

Markowitz H. 1952. Portfolio selection. Journal of Finance，7（1）：77-91.

Mincer J，Zarnowitz V. 1969. The evaluation of economic forecasts. Economic Forecasts and Expectations，7：3-46.

Morana C，Beltratti A. 2000. Central bank interventions and exchange rates:all analysis with high frequency data. Journal of International Financial Markets，Institutions and Money，10（4）：349-362.

Moulines E，Soulieer P. 1999. Log-periodogram regression of time series with long-range dependence. Annals of Statistics，27：1415-1439.

Müller U A，Dacorogna M M. 1997. Volatilities of different time Resolutions- analyzing the dynamics of market components. Journal of Empirical Finance，4：213-239.

Mykland P A，Shephard N，Sheppard K. 2010. Econometric analysis of financial jumps using efficient bipower variation. Oxford：University of Oxford.

Omen R C A. 2001. Using high frequency stock market index data to calculate，model & forecast realized volatility. http://Papers. ssm. com/5013/Papers. cfm? abstraet--id=267498[2015-11-01].

Omen R C A. 2002. Properties of bias-corrected realized variance under alternative sampling schemes. Journal of Financial Econometrics，3：555-577.

Owens J P，Steigerwald D G. 2009. Noise reduced realized volatility：A kalman filter approach. http://www. emeraldinsight. com/books. htm?chapterid=1771270&show=abstract[2015-11-01].

Podolskij M，Vetter M. 2009a. Estimation of volatility functionals in the simultaneous presence of microstructure noise and jumps. Bernoulli，15（3）：634-658.

Podolskij M，Vetter M. 2009b. Bipower-type estimation in a noisy diffusion setting. Stochastic processes and their applications，119：2803-2831.

Podolskij M，Ziggel D. 2010a. New tests for jumps：A threshold-based approach. http://www. quasol. net/dowuloads/ Jump_Test. pdf[2015-11-01].

Podolskij M，Ziggel D. 2010b. New tests for jumps in semimartingale models. Statistical Inference for Stochastic Processes，13（1）：15-41.

Pong S，Shackleton M B，Taylor S J，et al. 2004. Forecasting currency volatility：A comparison of implied volatilities and AR（FI）MA models. Journal of Banking and Finance，28：2541-2563.

Pong S，Shackleton M B，Taylor S J. 2008. Distinguishing short and long memory volatility specifications. Econometrics Journal，11：617-637.

Protter P. 1992. Stochastic Integration and Differential Equations: A New Approach（second edition）. NewYork：Springer Verlag.

Qi H，Sun D. 2006. A quadratically convergent newton method for computing the Nearest correlation matrix. SIAM Journal of Matrix Analysis and Applications, (28): 360-385.

Robinson P M. 1995. Log-periodogram regression of time series with long-range dependence. Annals of Statistics, 23: 1048-1072.

Rosenthal Dale W R, Zhang J. 2011. Index arbitrage and refresh time bias in covariance estimation. http://papers. ssrn. com/sol3/papers. cfm?abstract_id=1985254[2015-11-01].

Shao X D, Lian Y J, Yin L Q. 2009. Forecasting value-at-Risk using high frequency data: The realized range models. Global Finance Journal, 20: 128-136.

Sharpe W F, Tint L G. 1990. Liabilities-A New Approach. Journal of Portfolio Management, 16(2): 5-10.

Stankewich C J, Chapman J, Muthusamy R, et al. 1996. Relationship of mechanical factors to the strength of proximal femur fractures fixed with cancellous screws. Journal of Orthopaedic Ttrauma, 10 (4): 248-257.

Stein C. 1986. Lectures on the theory of estimation of many parameters. Journal of Soviet Mathematics, 74: 4-65.

Voev V, Lunde A. 2007. Integrated Covariance Estimation Using High-Frequency Data in the Presence of Noise. Journal of Financial Econometrics, (5): 68-104.

Wood R A, Mcnish T H, Ord J K. 1985. An investigation of transactions data for NYSE stocks. Journal of Finance, 40: 723-741.

Zhang L. 2006. Efficient estimation of stochastic volatility using noisy observations: A multi-scale approach. Bernoulli, 12: 1019-1043.

Zhang L. 2011. Estimating covariation: Epps effect, microstructure noise. Journal of Econometrics, 160(1): 33-47.

Zhang L, Mykland P A, Aït-Sahalia Y. 2005. A tale of two time scales: Determining integrated volatility with noisy high frequency data. Journal of the American Statistical Association, 100: 1394-1411.

Zhang M Y, Russell J R, Tsay R S. 2001. A nonlinear autoregressive conditional duration model with applications to financial transaction data. Journal of Econometrics, 104: 179-207.

附录 A 书中用到的部分程序代码

1. 估计 MTPCOV 的副对角线元素 MTPCV 的 R 程序代码

#k 代表所选择的窗宽，XX1 和 XX2 代表的是两个资产的高频数据序列

```
g=rep(NA,k)
prez3=array(NA,dim=c((n1-k+1),k,n))
prez4=array(NA,dim=c((n1-k+1),1,n))
z2=array(NA,dim=c((n1-k+1),k+1,n))
for(j in 1:n){for(i in 1:(n1-k+1)){z2[i,,j]=XX1
[i:(i+k),j]}}
for(j in 1:k){g[j]=min(j/k,1-j/k)}
for(t in 1:n){for(i in 1:(n1-k+1)){for(j in 1:k){
prez3[i,j,t]=g[j]*(z2[i,j+1,t]-z2[i,j,t])}}}
for(t in 1:n){for(i in 1:(n1-k+1)){
prez4[i,,t]=sum(prez3[i,,t])}}###对 XX1 进行预平均
```
处理后的序列
```
prez3x=array(NA,dim=c((n1-k+1),k,n))
prez4x=array(NA,dim=c((n1-k+1),1,n))
z2x=array(NA,dim=c((n1-k+1),k+1,n))
for(j in 1:n){for(i in 1:(n1-k+1)){z2x[i,,j]=XX2
[i:(i+k),j]}}
for(t in 1:n){for(i in 1:(n1-k+1)){for(j in 1:k){
```

```
prez3x[i,j,t]=g[j]*(z2x[i,j+1,t]-z2x[i,j,t])}}}
for(t in 1:n){for(i in 1:(n1-k+1)){
prez4x[i,,t]=sum(prez3x[i,,t])}} ###对XX1进行预
```
平均处理后的序列
```
PRCOV=rep(NA,n); prcov=matrix(NA,n1-k+1,n)
for(j in 1:n){for(i in 1:(n1-k+1)){prcov[i,j]=
(prez4[i,,j])*(prez4x[i,,j])}}
for(j in 1:n){PRCOV[j]=sum(prcov[,j])}
####门限
u2=sqrt(2/pi); theta=0.5; ww=0.25; q=3.09
fai1=1; fai2=1/12
w2=rep(NA,n); w2w=matrix(NA,n1-2+1,n)
for(j in 1:n){
for(i in2:n1){w2w[i-1,j]=(XX1[i,j]-XX1[i-1,j])*
(XX1[i+1,j]-XX1[i,j])}}
for(j in 1:n){w2[j]=(-1/(n1-1))*sum(w2w[,j])}
BV1=matrix(NA,n1-(2*k)+1,n)  ;  BV=rep(NA,n)  ;
sigma2=rep (NA,n)
for(j in 1:n){
for(i in 1:(n1-2*k+1)){BV1[i,j]=(abs(prez4[i,1,
j]))*(abs(prez4[i+k,1,j]))}}
for(j in 1:n){BV[j]=sum(BV1[,j])}
for(j in 1:n){
sigma2[j]=((n1)/(n1-2*k+2))*(1/(k*fai2*u2))*B
V[j]-((fai1/((theta^2)*fai2))*w2[j])}
threshold=rep(NA,n)#XX1序列的门限
```

```
for(j in 1:n){
threshold[j]=q*((fai2*(sigma2[j])*theta)+(fai1*w
2[j]*(1/ theta)))^(1/2)*(n1^(-ww))}
w2x=rep(NA,n); w2wx=matrix(NA,n1-2+1,n)
for(j in 1:n){
for(i in 2:n1){w2wx[i-1,j]=(XX2[i,j]-XX2[i-1,j])
*(XX2[i+1,j]-XX2[i,j])}}
for(j in 1:n){w2x[j]=(-1/(n1-1))*sum(w2wx[,j])}
BV1x=matrix(NA,n1-(2*k)+1,n) ; BVx=rep(NA,n) ;
sigma2x= rep(NA,n)
for(j in 1:n){
for(i in 1:(n1-2*k+1)){BV1x[i,j]=(abs(prez4x[i,
1,j]))*(abs(prez4x[i+k,1,j]))}}
for(j in 1:n){BVx[j]=sum(BV1x[,j])}
for(j in 1:n){
sigma2x[j]=((n1)/(n1-2*k+2))*(1/(k*fai2*u2))*
BVx[j]-((fai1/((theta^2)*fai2))*w2x[j])}
thresholdx=rep(NA,n)##XX2 序列的门限
for(j in 1:n){thresholdx[j]=q*((fai2*(sigma2x
[j])*theta)+(fai1*w2x[j]*(1/theta)))^(1/2)*(n1^(-
ww))}
###剔除跳跃
TPRV=rep(NA,n); PRV1=matrix(NA,n1-k+1,n); PRV=
rep(NA,n);TPRVx=rep(NA,n);PRV1x=matrix(NA,n1-k+1,
n); PRVx=rep(NA,n);
for(j in 1:n){for(i in 1:(n1-k+1)){PRV1[i,j]=
```

```
(prez4[i,1,j])^2}}
    for(j in 1:n){PRV[j]=sum(PRV1[,j])}
    for(j in 1:n){for(i in 1:(n1-k+1)){PRV1x[i,j]=
(prez4x[i,1,j])^2}}
    for(j in 1:n){PRVx[j]=sum(PRV1x[,j])}
    I=matrix(NA,n1-k+1,n); Ix=matrix(NA,n1-k+1,n);
tpcv= matrix(NA,n1-k+1,n); TPCV=rep(NA,n)
    for(j in 1:n){for(i in 1:(n1-k+1)){if(any(PRV1
[i,j]<=threshold[j]))I[i,j]=1 else I[i,j]=0
    if(any(PRV1x[i,j]<=thresholdx[j]))Ix[i,j]=1 else
Ix[i,j]=0
    tpcv[i,j]=prez4[i,1,j]*I[i,j]*prez4x[i,1,j]*I
x[i,j]}}
    for(j in 1:n){TPCV[j]=sum(tpcv[,j])}
    ####MTPCV
    MTPCV=rep(NA,n)
    for(j in 1:n){
    MTPCV[j]=(n1/(n1-k+2))*(1/(fai2*k))*TPCV[j]-
(fai1/(fai2*(theta^2)))*(1/(2*n1))*RCOV[j]}
```

2. 估计 MTPCOV 的主对角线元素 MTPRV 的 R 程序代码

#k 代表所选择的窗宽,XX1 和 XX2 代表的是两个资产的高频数据序列

```
g=rep(NA,k)
prez3=array(NA,dim=c((n1-k+1),k,n))
```

```
prez4=array(NA,dim=c((n1-k+1),1,n))
z2=array(NA,dim=c((n1-k+1),k+1,n))
for(j in 1:n){for(i in 1:(n1-k+1)){z2[i,,j]=XX
[i:(i+k),j]}}
for(j in 1:k){g[j]=min(j/k,1-j/k)}
for(t in 1:n){for(i in 1:(n1-k+1)){for(j in 1:k){
prez3[i,j,t]=g[j]*(z2[i,j+1,t]-z2[i,j,t])}}}
for(t in 1:n){for(i in 1:(n1-k+1)){prez4[i,,
t]=sum(prez3[i,,t])}}
###门限
u2=sqrt(2/pi); theta=0.5; ww=0.25; q=3.09
fai1=1; fai2=1/12
w2=rep(NA,n); w2w=matrix(NA,n1-2+1,n)
for(j in 1:n){for(i in 2:n1){w2w[i-1,j]=(XX[i,
j]-XX[i-1,j])*(XX[i+1,j]-XX[i,j])}}
for(j in 1:n){w2[j]=(-1/(n1-1))*sum(w2w[,j])}
BV1=matrix(NA,n1-(2*k)+1,n)  ;   BV=rep(NA,n)  ;
sigma2=rep(NA,n)
for(j in 1:n){
for(i in 1:(n1-2*k+1)){BV1[i,j]=(abs(prez4[i,1,
j]))*(abs(prez4[i+k,1,j]))}}
for(j in 1:n){BV[j]=sum(BV1[,j])}
for(j in 1:n){
sigma2[j]=((n1)/(n1-2*k+2))*(1/(k*fai2*u2))*B
V[j]-((fai1/((theta^2)*fai2))*w2[j])}
threshold=rep(NA,n)
```

```
for(j in 1:n){
threshold[j]=q*((fai2*(sigma2[j])*theta)+(fai
1*w2[j]*(1/ theta)))^(1/2)*(n1^(-ww))}
```
#剔除跳跃
```
TPRV=rep(NA,n); PRV1=matrix(NA,n1-k+1,n); PRV=
rep(NA,n);
for(j in 1:n){for(i in 1:(n1-k+1)){PRV1[i,j]=
(prez4[i,1,j])^2}}
for(j in 1:n){PRV[j]=sum(PRV1[,j])}
for(j in 1:n){for(i in 1:(n1-k+1)){PRV1[i,j]=
(prez4 [i,1,j])^2
if(any(PRV1[i,j]<=threshold[j]))PRV1[i,j]=PRV1
[i,j]else PRV1[i,j]=0}}
for(j in 1:n){TPRV[j]=sum(PRV1[,j])}
###MTPRV
MTPRV=rep(NA,n)
for(j in 1:n){
MTPRV[j]=(1/(theta*fai2*sqrt(n1)))*TPRV[j]-
(fai1/(theta^2*fai2))*(1/(2*n1))*RV[j]}
```

3. 求解等比例风险和最小方差最优投资组合的 R 程序代码

```
library(Rsolnp)
w=array(NA,dim=c(6,300))
f=function(w){sum(((w[j]%*%((t(w)%*%bb[,,i][,j
])/(t(w)%*%bb[,,i]%*%w)-(1/6))^2))}
equn=function(w){return(sum(w))}
```

```
w0=c(0.1,0.2,0.2,0.3,0.1,0.1)
BEKKjie3=rep(list(NA),300)
for(j in 1:6){for(i in 1:300){
BEKKjie3[[i]]=solnp(w0,fun=f,eqfun=equn,eqB=1,
LB=array(0,dim=c(6,300))[,i],
UB=array(1,dim=c(6,300))[,i])}}
#最小方差最优的投资组合
library(fPortfolio)
globalMin.portfolio <-
function(er, cov.mat)
{
  # Compute global minimum variance portfolio
  # inputs:
  # er      N x 1 vector of expected returns
  # cov.mat  N x N return covariance matrix
  # output is portfolio object with the following
elements:
  # call     original function call
  # er       portfolio expected return
  # sd       portfolio standard deviation
  # weights  N x 1 vector of portfolio weights
  call <- match.call()
  # check for valid inputs
  asset.names <- names(er)
  er <- as.vector(er) # assign names if none exist
  cov.mat <- as.matrix(cov.mat)
```

```
if(length(er) != nrow(cov.mat))
  stop("invalid inputs")
if(any(diag(chol(cov.mat)) <= 0))
  stop("Covariance matrix not positive definite")
# remark: could use generalized inverse if
cov.mat is positive semi-definite
# compute global minimum portfolio
cov.mat.inv <- solve(cov.mat)
one.vec <- rep(1,length(er))
# w.gmin <- cov.mat.inv %*% one.vec/as.vector(one.
vec %*% cov.mat.inv %*% one.vec)
w.gmin<-rowSums(cov.mat.inv)/sum(cov.mat.inv)
w.gmin <- as.vector(w.gmin)
names(w.gmin) <- asset.names
er.gmin <- crossprod(w.gmin,er)
sd.gmin <- sqrt(t(w.gmin) %*% cov.mat %*% w.
gmin)
gmin.port <- list("call" = call,
    "er" = as.vector(er.gmin),
    "sd" = as.vector(sd.gmin),
    "weights" = w.gmin)
class(gmin.port) <- "portfolio"
gmin.port
}
gmin.port <- globalMin.portfolio(er,cov.mat)
if(gmin.port$er < risk.free)
```

```
    stop("Risk-free rate greater than avg return
on global minimum variance portfolio")
    #组合收益和方差的计算
    efficient.portfolio <-
    function(er, cov.mat, target.return)
    {
    # compute minimum variance portfolio subject to
target return
    # inputs:
    # er          N x 1 vector of expected returns
    # cov.mat     N x N covariance matrix of
returns
    # target.return  scalar, target expected return
    # output is portfolio object with the following
elements
    # call        original function call
    # er          portfolio expected return
    # sd          portfolio standard deviation
    # weights     N x 1 vector of portfolio
weights
    call <- match.call()
    # check for valid inputs
    asset.names <- names(er)
    er <- as.vector(er)        # assign names if
none exist
    cov.mat <- as.matrix(cov.mat)
```

```
if(length(er) != nrow(cov.mat))
  stop("invalid inputs")
if(any(diag(chol(cov.mat)) <= 0))
  stop("Covariance matrix not positive definite")
# remark: could use generalized inverse if
cov.mat is positive semidefinite
# compute efficient portfolio
ones <- rep(1, length(er))
top <- cbind(2*cov.mat,er,ones)
bot <- cbind(rbind(er,ones),matrix(0,2,2))
A <- rbind(top, bot)
b.target <- as.matrix(c(rep(0,length(er)), target.
return, 1))
x <- solve(A, b.target)
w <- x[1:length(er)]
names(w) <- asset.names
# compute portfolio expected returns and variance
er.port <- crossprod(er,w)
sd.port <- sqrt(w %*% cov.mat %*% w)
ans <- list("call" = call,
    "er" = as.vector(er.port),
    "sd" = as.vector(sd.port),
    "weights" = w)
class(ans) <- "portfolio"
ans
}
```

附录 B　部分模拟数据

　　下表给出了模拟的样本容量 $n=1440$，带有市场微观结构噪声和跳跃的对数价格的模拟数据，鉴于篇幅的限制，仅附上了其中一次模拟的两个资产 X 和 Y 的对数价格数据。

X	Y	X	Y	X	Y	X	Y	X	Y	X	Y
1.000	2.000	1.628	2.222	1.323	2.123	0.712	1.902	1.714	2.278	3.033	2.763
1.038	2.014	1.499	2.178	1.283	2.108	0.730	1.908	1.761	2.295	3.025	2.761
0.959	1.986	1.395	2.142	1.286	2.110	0.710	1.900	1.725	2.282	3.037	2.766
1.005	2.002	1.388	2.140	1.263	2.102	0.703	1.898	1.719	2.279	3.035	2.764
1.102	2.034	1.350	2.127	1.186	2.073	0.646	1.876	1.780	2.302	2.941	2.730
1.136	2.045	1.336	2.122	1.153	2.061	0.735	1.909	1.827	2.319	2.993	2.750
1.204	2.070	1.291	2.107	1.130	2.053	0.721	1.904	1.876	2.337	3.008	2.755
1.271	2.091	1.165	2.061	1.120	2.049	0.802	1.936	1.856	2.331	3.019	2.759
1.221	2.074	1.131	2.050	1.113	2.046	0.878	1.962	1.852	2.328	3.034	2.765
1.194	2.066	1.159	2.060	1.176	2.070	0.909	1.973	1.823	2.317	3.026	2.763
1.174	2.058	1.187	2.071	1.133	2.053	0.927	1.981	1.869	2.334	3.036	2.765
1.175	2.059	1.081	2.032	1.093	2.039	0.949	1.989	1.924	2.355	3.002	2.753
1.230	2.078	0.980	1.998	1.132	2.053	0.982	2.001	1.988	2.378	3.026	2.760
1.244	2.084	0.998	2.005	1.173	2.070	0.955	1.992	1.987	2.378	2.981	2.746
1.245	2.083	1.024	2.013	1.278	2.106	0.995	2.007	2.003	2.384	3.017	2.759
1.251	2.085	0.976	1.995	1.241	2.093	1.049	2.025	1.959	2.368	3.082	2.781
1.182	2.062	1.061	2.026	1.368	2.139	1.108	2.049	1.928	2.357	3.042	2.768
1.130	2.044	0.985	1.998	1.299	2.113	1.080	2.038	1.993	2.380	2.961	2.738
1.049	2.016	0.998	2.003	1.293	2.111	1.088	2.042	1.977	2.374	2.955	2.734
1.119	2.040	0.945	1.985	1.346	2.131	1.094	2.042	1.950	2.365	2.912	2.720
1.045	2.015	0.986	2.001	1.328	2.124	1.091	2.042	1.982	2.377	2.948	2.733
1.017	2.004	1.065	2.026	1.300	2.114	1.144	2.062	1.949	2.365	2.936	2.729
1.064	2.022	0.997	2.004	1.342	2.130	1.074	2.036	1.921	2.352	2.988	2.748
1.008	2.004	1.028	2.014	1.325	2.123	1.114	2.051	1.960	2.368	2.989	2.748
1.022	2.007	1.056	2.024	1.309	2.117	1.143	2.062	2.012	2.389	3.007	2.755

X	Y	X	Y	X	Y	X	Y	X	Y	X	Y
1.026	2.009	1.057	2.025	1.211	2.081	1.048	2.026	2.020	2.390	3.006	2.754
0.953	1.985	1.073	2.030	1.248	2.095	1.056	2.031	1.972	2.371	3.077	2.781
0.912	1.970	1.025	2.013	1.243	2.093	1.137	2.059	2.013	2.387	3.057	2.774
0.937	1.979	1.016	2.009	1.259	2.100	1.150	2.065	2.044	2.398	3.061	2.774
0.958	1.986	1.049	2.021	1.315	2.120	1.155	2.067	2.019	2.389	3.070	2.777
0.958	1.986	1.000	2.005	1.277	2.105	1.170	2.072	2.048	2.400	3.190	2.821
1.009	2.003	1.052	2.023	1.271	2.104	1.148	2.063	2.187	2.451	3.210	2.829
0.974	1.991	1.078	2.032	1.235	2.090	1.224	2.091	2.172	2.446	3.291	2.858
0.935	1.978	1.073	2.029	1.288	2.110	1.175	2.073	2.079	2.411	3.218	2.831
0.902	1.966	1.042	2.019	1.389	2.146	1.284	2.114	2.152	2.438	3.230	2.836
0.902	1.966	1.084	2.034	1.364	2.138	1.299	2.119	2.136	2.433	3.170	2.814
0.878	1.958	1.173	2.066	1.447	2.168	1.321	2.128	2.065	2.406	3.191	2.821
0.912	1.972	1.285	2.105	1.466	2.175	1.311	2.124	2.052	2.401	3.222	2.833
0.830	1.944	1.198	2.074	1.492	2.184	1.334	2.132	2.051	2.400	3.209	2.830
0.819	1.938	1.247	2.092	1.478	2.178	1.296	2.119	2.050	2.400	3.166	2.814
0.764	1.921	1.312	2.115	1.434	2.162	1.353	2.140	2.033	2.394	3.200	2.825
0.693	1.896	1.380	2.138	1.449	2.169	1.303	2.121	2.023	2.392	3.179	2.817
0.583	1.860	1.353	2.130	1.460	2.173	1.372	2.147	2.015	2.389	3.251	2.844
0.579	1.856	1.358	2.132	1.587	2.218	1.306	2.122	1.983	2.375	3.282	2.855
0.639	1.878	1.350	2.129	1.682	2.252	1.264	2.107	1.991	2.380	3.350	2.882
0.705	1.900	1.415	2.153	1.541	2.202	1.172	2.072	1.888	2.342	3.270	2.850
0.714	1.904	1.340	2.125	1.625	2.232	1.197	2.082	1.941	2.361	3.399	2.899
0.786	1.928	1.340	2.125	1.612	2.226	1.259	2.105	1.991	2.377	3.361	2.885
0.853	1.950	1.311	2.115	1.638	2.236	1.256	2.104	2.053	2.402	3.324	2.871
0.805	1.936	1.274	2.102	1.572	2.212	1.312	2.123	2.110	2.423	3.406	2.901
0.895	1.965	1.327	2.120	1.621	2.230	1.273	2.110	2.172	2.445	3.429	2.909
0.926	1.976	1.302	2.111	1.672	2.248	1.188	2.077	2.207	2.457	3.383	2.892
0.948	1.984	1.346	2.127	1.720	2.266	1.213	2.086	2.265	2.479	3.477	2.926
0.931	1.979	1.335	2.123	1.737	2.272	1.276	2.111	2.340	2.506	3.455	2.918
0.971	1.992	1.354	2.130	1.760	2.281	1.239	2.097	2.271	2.481	3.300	2.861
1.051	2.018	1.335	2.124	1.752	2.277	1.215	2.088	2.274	2.483	3.356	2.882
1.077	2.029	1.398	2.146	1.827	2.305	1.176	2.074	2.356	2.512	3.356	2.882
1.073	2.028	1.357	2.132	1.793	2.293	1.180	2.074	2.372	2.516	3.400	2.899
1.165	2.058	1.309	2.114	1.721	2.267	1.225	2.093	2.453	2.547	3.345	2.878

X	Y	X	Y	X	Y	X	Y	X	Y	X	Y
1.138	2.051	1.310	2.114	1.723	2.267	1.213	2.088	2.396	2.527	3.359	2.882
1.186	2.066	1.307	2.113	1.741	2.274	1.278	2.112	2.415	2.534	3.376	2.890
1.157	2.056	1.308	2.113	1.703	2.260	1.291	2.117	2.411	2.531	3.328	2.871
1.171	2.060	1.281	2.103	1.693	2.255	1.300	2.121	2.408	2.532	3.384	2.892
1.177	2.063	1.313	2.115	1.557	2.206	1.316	2.127	2.377	2.519	3.441	2.914
1.154	2.056	1.293	2.107	1.532	2.198	1.293	2.118	2.393	2.525	3.467	2.924
1.127	2.045	1.196	2.073	1.536	2.198	1.276	2.111	2.361	2.514	3.515	2.942
1.088	2.032	1.189	2.070	1.548	2.203	1.201	2.083	2.357	2.513	3.570	2.962
1.100	2.037	1.229	2.086	1.521	2.193	1.217	2.089	2.252	2.473	3.533	2.948
1.023	2.010	1.310	2.115	1.503	2.186	1.297	2.119	2.350	2.510	3.556	2.958
1.022	2.012	1.418	2.153	1.499	2.186	1.273	2.110	2.419	2.535	3.549	2.955
0.950	1.984	1.435	2.159	1.480	2.177	1.167	2.071	2.313	2.496	3.460	2.921
0.939	1.982	1.467	2.171	1.442	2.164	1.254	2.104	2.230	2.466	3.452	2.918
0.897	1.967	1.407	2.150	1.383	2.143	1.260	2.106	2.164	2.441	3.347	2.879
0.937	1.981	1.452	2.166	1.421	2.158	1.321	2.127	2.151	2.438	3.349	2.881
0.942	1.982	1.362	2.133	1.406	2.152	1.387	2.153	2.272	2.482	3.304	2.863
0.979	1.996	1.496	2.181	1.387	2.145	1.418	2.165	2.277	2.483	3.292	2.859
0.955	1.986	1.481	2.176	1.417	2.156	1.426	2.167	2.189	2.451	3.303	2.863
1.045	2.019	1.558	2.204	1.406	2.152	1.417	2.164	2.171	2.444	3.429	2.911
1.140	2.052	1.560	2.205	1.338	2.125	1.423	2.167	2.200	2.455	3.428	2.910
1.162	2.059	1.550	2.200	1.352	2.133	1.339	2.133	2.114	2.425	3.480	2.929
1.235	2.085	1.555	2.204	1.345	2.129	1.379	2.150	2.142	2.434	3.530	2.947
1.238	2.085	1.557	2.204	1.348	2.130	1.335	2.133	2.209	2.459	3.455	2.920
1.157	2.058	1.605	2.221	1.414	2.154	1.313	2.125	2.241	2.470	3.423	2.908
1.228	2.083	1.580	2.212	1.454	2.168	1.263	2.106	2.299	2.491	3.493	2.934
1.166	2.061	1.548	2.200	1.376	2.139	1.187	2.078	2.225	2.463	3.530	2.947
1.170	2.062	1.577	2.212	1.342	2.128	1.275	2.112	2.255	2.476	3.551	2.956
1.115	2.043	1.518	2.189	1.308	2.115	1.362	2.143	2.220	2.463	3.669	3.001
1.054	2.021	1.512	2.187	1.319	2.120	1.385	2.151	2.221	2.462	3.574	2.964
1.108	2.040	1.442	2.163	1.325	2.122	1.390	2.154	2.274	2.481	3.650	2.993
1.039	2.017	1.546	2.200	1.285	2.109	1.468	2.184	2.280	2.483	3.618	2.981
1.103	2.038	1.566	2.206	1.285	2.107	1.413	2.164	2.371	2.519	3.687	3.008
1.030	2.013	1.575	2.209	1.285	2.107	1.375	2.149	2.473	2.556	3.760	3.035
1.067	2.027	1.553	2.202	1.340	2.127	1.407	2.162	2.441	2.544	3.816	3.055

续表

X	Y	X	Y	X	Y	X	Y	X	Y	X	Y
1.155	2.057	1.575	2.210	1.270	2.103	1.373	2.148	2.416	2.536	3.814	3.056
1.012	2.007	1.683	2.250	1.302	2.113	1.323	2.129	2.398	2.528	3.833	3.063
1.083	2.032	1.685	2.251	1.384	2.144	1.342	2.136	2.460	2.551	3.792	3.047
1.132	2.049	1.590	2.215	1.378	2.141	1.275	2.110	2.391	2.525	3.885	3.083
1.177	2.065	1.609	2.222	1.450	2.168	1.222	2.090	2.347	2.510	3.878	3.080
1.174	2.064	1.602	2.220	1.402	2.151	1.268	2.108	2.302	2.493	3.912	3.094
1.224	2.081	1.707	2.258	1.351	2.131	1.255	2.103	2.201	2.455	3.922	3.097
1.218	2.080	1.656	2.240	1.306	2.115	1.285	2.114	2.280	2.484	3.040	2.296
1.237	2.086	1.635	2.231	1.308	2.115	1.180	2.075	2.303	2.494	3.064	2.306
1.302	2.108	1.672	2.246	1.337	2.126	1.216	2.089	2.304	2.492	3.124	2.327
1.256	2.092	1.682	2.248	1.412	2.153	1.352	2.140	2.203	2.455	3.080	2.312
1.238	2.087	1.691	2.252	1.379	2.142	1.369	2.147	2.205	2.457	3.089	2.314
1.204	2.075	1.681	2.248	1.457	2.171	1.356	2.141	2.170	2.442	3.068	2.308
1.236	2.086	1.650	2.238	1.439	2.163	1.309	2.123	2.199	2.454	3.127	2.328
1.259	2.094	1.653	2.240	1.426	2.159	1.302	2.121	2.215	2.461	3.110	2.322
1.324	2.115	1.594	2.218	1.429	2.160	1.328	2.131	2.207	2.458	3.178	2.349
1.406	2.146	1.517	2.188	1.355	2.132	1.290	2.116	2.197	2.453	3.219	2.363
1.440	2.158	1.484	2.177	1.355	2.133	1.279	2.112	2.234	2.467	3.154	2.338
1.367	2.132	1.472	2.173	1.346	2.129	1.272	2.110	2.218	2.462	3.244	2.373
1.459	2.162	1.520	2.191	1.343	2.127	1.326	2.130	2.252	2.474	3.237	2.371
1.517	2.185	1.561	2.206	1.351	2.132	1.387	2.152	2.258	2.477	3.279	2.387
1.572	2.205	1.442	2.163	1.477	2.178	1.367	2.144	2.284	2.486	3.266	2.381
1.607	2.215	1.494	2.181	1.472	2.177	1.321	2.128	2.238	2.468	3.351	2.413
1.510	2.181	1.455	2.167	1.560	2.208	1.342	2.136	2.268	2.480	3.422	2.439
1.464	2.165	1.381	2.140	1.582	2.218	1.359	2.141	2.263	2.478	3.389	2.427
1.528	2.189	1.363	2.134	1.617	2.230	1.316	2.126	2.298	2.491	3.314	2.401
1.567	2.202	1.453	2.166	1.577	2.215	1.340	2.136	2.202	2.455	3.317	2.400
1.488	2.174	1.363	2.133	1.606	2.225	1.322	2.129	2.250	2.473	3.304	2.395
1.470	2.168	1.381	2.141	1.511	2.190	1.288	2.116	2.248	2.473	3.301	2.394
1.394	2.140	1.387	2.142	1.371	2.139	1.364	2.144	2.247	2.471	3.245	2.373
1.467	2.166	1.496	2.181	1.327	2.124	1.352	2.139	2.233	2.468	3.302	2.396
1.499	2.177	1.542	2.198	1.289	2.110	1.336	2.135	2.219	2.462	3.324	2.404
1.575	2.205	1.471	2.172	1.238	2.091	1.275	2.111	2.185	2.449	3.380	2.424
1.714	2.253	1.553	2.202	1.301	2.113	1.225	2.094	2.165	2.440	3.407	2.434

X	Y	X	Y	X	Y	X	Y	X	Y	X	Y
1.815	2.288	1.580	2.212	1.333	2.126	1.214	2.090	2.089	2.413	3.464	2.455
1.913	2.322	1.532	2.194	1.367	2.139	1.187	2.080	2.158	2.438	3.411	2.436
1.884	2.313	1.469	2.172	1.331	2.125	1.121	2.055	2.148	2.436	3.426	2.442
1.910	2.322	1.427	2.158	1.388	2.146	1.176	2.075	2.162	2.442	3.486	2.463
1.812	2.287	1.345	2.129	1.367	2.138	1.214	2.089	2.283	2.486	3.539	2.483
1.797	2.283	1.378	2.140	1.374	2.140	1.267	2.109	2.279	2.485	3.585	2.501
1.793	2.282	1.384	2.142	1.385	2.145	1.237	2.097	2.320	2.499	3.602	2.508
1.802	2.284	1.355	2.131	1.379	2.143	1.222	2.092	2.406	2.534	3.663	2.532
1.848	2.300	1.264	2.099	1.412	2.155	1.150	2.066	2.353	2.513	3.603	2.508
1.913	2.322	1.329	2.123	1.422	2.158	1.108	2.049	2.329	2.503	3.620	2.515
1.969	2.342	1.324	2.120	1.447	2.168	1.101	2.048	2.344	2.510	3.643	2.523
2.020	2.361	1.307	2.115	1.387	2.146	1.053	2.031	2.398	2.531	3.594	2.504
2.019	2.359	1.348	2.129	1.383	2.144	1.111	2.052	2.392	2.528	3.652	2.527
1.940	2.333	1.388	2.144	1.493	2.185	1.136	2.060	2.482	2.561	3.684	2.540
1.897	2.317	1.305	2.114	1.431	2.163	1.230	2.096	2.405	2.532	3.761	2.570
1.863	2.304	1.207	2.079	1.360	2.136	1.243	2.101	2.413	2.535	3.809	2.587
1.867	2.307	1.192	2.073	1.361	2.136	1.302	2.121	2.472	2.558	3.741	2.560
1.809	2.287	1.196	2.075	1.311	2.117	1.238	2.099	2.505	2.568	3.734	2.560
1.872	2.307	1.183	2.071	1.263	2.101	1.231	2.097	2.511	2.572	3.838	2.598
1.900	2.318	1.105	2.042	1.330	2.125	1.315	2.129	2.491	2.564	3.929	2.633
1.832	2.293	0.990	2.002	1.324	2.122	1.434	2.172	2.434	2.543	3.952	2.641
1.814	2.288	0.975	1.996	1.246	2.094	1.433	2.170	2.409	2.534	4.040	2.674
1.831	2.293	0.938	1.984	1.130	2.051	1.397	2.157	2.362	2.517	4.086	2.692
1.817	2.289	0.958	1.991	1.165	2.065	1.372	2.149	2.365	2.518	4.048	2.678
1.804	2.284	0.841	1.948	1.161	2.063	1.391	2.154	2.391	2.527	4.038	2.674
1.842	2.297	0.797	1.933	1.176	2.068	1.387	2.155	2.292	2.490	4.119	2.704
1.793	2.280	0.737	1.914	1.147	2.058	1.354	2.142	2.357	2.515	4.064	2.684
1.817	2.289	0.760	1.920	1.157	2.061	1.395	2.158	2.448	2.549	4.110	2.700
1.751	2.264	0.750	1.916	1.128	2.053	1.434	2.172	2.508	2.571	4.100	2.698
1.798	2.283	0.838	1.947	1.106	2.042	1.404	2.160	2.546	2.586	4.100	2.698
1.779	2.274	0.805	1.935	1.096	2.040	1.409	2.162	2.626	2.614	4.090	2.693
1.766	2.271	0.731	1.910	1.051	2.022	1.463	2.184	2.663	2.629	4.096	2.696
1.833	2.295	0.783	1.928	1.077	2.033	1.453	2.179	2.726	2.653	4.059	2.682
1.811	2.286	0.716	1.905	1.090	2.038	1.575	2.227	2.783	2.674	3.998	2.659

X	Y	X	Y	X	Y	X	Y	X	Y	X	Y
1.818	2.289	0.719	1.907	1.075	2.032	1.615	2.240	2.888	2.712	3.937	2.636
1.735	2.260	0.668	1.889	0.992	2.002	1.563	2.221	2.817	2.686	3.855	2.604
1.784	2.278	0.587	1.861	0.977	1.996	1.572	2.223	2.773	2.670	3.938	2.635
1.708	2.250	0.495	1.828	1.026	2.015	1.580	2.228	2.762	2.666	3.940	2.636
1.719	2.254	0.497	1.829	1.006	2.008	1.557	2.218	2.774	2.669	4.013	2.665
1.734	2.260	0.543	1.846	1.051	2.023	1.592	2.232	2.785	2.674	4.008	2.661
1.723	2.255	0.555	1.849	0.997	2.004	1.670	2.262	2.810	2.683	3.982	2.652
1.690	2.245	0.563	1.852	1.018	2.011	1.662	2.258	2.795	2.678	3.947	2.639
1.541	2.194	0.600	1.864	1.036	2.017	1.649	2.255	2.843	2.696	3.960	2.644
1.457	2.163	0.604	1.866	1.040	2.020	1.576	2.225	2.906	2.719	3.953	2.641
1.409	2.148	0.570	1.855	1.074	2.031	1.576	2.226	2.899	2.717	3.923	2.630
1.405	2.145	0.485	1.826	1.105	2.042	1.546	2.215	2.828	2.690	3.894	2.618
1.473	2.168	0.457	1.816	1.137	2.055	1.578	2.226	2.929	2.727	3.931	2.634
1.381	2.136	0.478	1.822	1.185	2.072	1.583	2.228	2.944	2.733	3.845	2.600
1.414	2.148	0.494	1.827	1.107	2.043	1.609	2.239	3.042	2.770	3.828	2.594
1.426	2.152	0.486	1.825	1.082	2.034	1.637	2.249	3.014	2.759	3.729	2.558
1.430	2.152	0.520	1.837	1.068	2.029	1.655	2.256	2.947	2.734	3.641	2.525
1.510	2.180	0.424	1.804	1.169	2.066	1.608	2.238	2.922	2.724	3.643	2.525
1.473	2.169	0.451	1.813	1.177	2.069	1.625	2.244	2.886	2.712	3.652	2.529
1.470	2.167	0.493	1.828	1.248	2.097	1.693	2.270	2.876	2.708	3.733	2.559
1.422	2.150	0.568	1.854	1.223	2.087	1.650	2.254	2.841	2.694	3.768	2.572
1.322	2.116	0.610	1.869	1.133	2.053	1.675	2.263	2.826	2.690	3.785	2.581
1.258	2.094	0.605	1.867	1.107	2.043	1.725	2.282	2.899	2.717	3.787	2.579
1.051	2.023	0.605	1.868	1.135	2.054	1.776	2.302	3.022	2.763	3.752	2.566
1.107	2.042	0.542	1.845	1.166	2.064	1.719	2.280	2.945	2.734	3.746	2.564
1.234	2.085	0.674	1.891	1.151	2.059	1.714	2.279	2.936	2.730	3.828	2.594
1.255	2.093	0.714	1.905	1.116	2.047	1.686	2.268	2.942	2.732	3.909	2.625
1.236	2.086	0.726	1.910	1.118	2.048	1.668	2.260	2.906	2.719	3.843	2.600
1.249	2.092	0.736	1.914	1.090	2.037	1.713	2.278	2.897	2.716	3.830	2.596
1.253	2.092	0.771	1.925	1.074	2.032	1.627	2.245	2.771	2.669	3.872	2.613
1.199	2.073	0.794	1.934	1.128	2.052	1.742	2.288	2.741	2.658	3.855	2.604
1.234	2.085	0.777	1.928	1.038	2.019	1.761	2.295	2.814	2.684	3.895	2.621
1.276	2.100	0.707	1.904	1.078	2.034	1.745	2.290	2.919	2.723	3.944	2.639
1.354	2.127	0.704	1.902	1.036	2.018	1.815	2.315	2.901	2.716	3.975	2.650

X	Y	X	Y	X	Y	X	Y	X	Y	X	Y
1.422	2.151	0.680	1.893	0.986	1.998	1.827	2.321	2.907	2.719	4.000	2.660
1.437	2.157	0.708	1.903	1.016	2.011	1.850	2.330	2.867	2.704	3.887	2.617
1.520	2.184	0.639	1.878	1.063	2.028	1.836	2.324	2.875	2.707	3.901	2.623
1.520	2.185	0.789	1.932	1.058	2.027	1.889	2.343	2.922	2.724	3.869	2.610
1.541	2.192	0.754	1.919	1.120	2.048	1.895	2.345	2.916	2.721	3.856	2.606
1.515	2.183	0.709	1.904	1.054	2.024	1.851	2.330	3.025	2.762	3.880	2.616
1.454	2.162	0.729	1.911	1.038	2.019	1.819	2.317	2.944	2.733	3.879	2.614
1.410	2.147	0.724	1.909	1.143	2.057	1.879	2.342	3.017	2.759	3.866	2.610
1.387	2.138	0.674	1.891	1.170	2.067	1.824	2.320	3.019	2.760	3.912	2.627
1.455	2.162	0.658	1.886	1.228	2.090	1.848	2.328	3.009	2.757	3.838	2.600
1.503	2.179	0.671	1.892	1.259	2.100	1.848	2.329	3.008	2.756	3.890	2.619
1.496	2.177	0.726	1.910	1.339	2.131	1.809	2.314	3.059	2.773	3.867	2.610
1.470	2.169	0.821	1.943	1.300	2.116	1.885	2.343	3.152	2.808	3.788	2.579
1.519	2.185	0.811	1.940	1.367	2.141	1.815	2.315	3.206	2.828	3.761	2.570
1.551	2.196	0.811	1.939	1.397	2.152	1.823	2.317	3.270	2.852	3.706	2.549
1.561	2.199	0.724	1.908	1.368	2.141	1.810	2.314	3.333	2.875	3.749	2.566
1.605	2.214	0.921	1.977	1.330	2.127	1.766	2.299	3.315	2.867	3.702	2.549
1.612	2.218	0.892	1.967	1.335	2.129	1.694	2.270	3.341	2.878	3.686	2.543
1.547	2.194	0.866	1.958	1.289	2.112	1.601	2.237	3.331	2.875	3.575	2.500
1.508	2.180	0.873	1.961	1.359	2.137	1.534	2.211	3.384	2.893	3.610	2.514
1.582	2.208	0.909	1.973	1.317	2.122	1.490	2.195	3.343	2.878	3.589	2.506
1.585	2.207	0.937	1.984	1.261	2.101	1.461	2.183	3.389	2.895	3.663	2.533
1.515	2.183	0.932	1.981	1.290	2.113	1.477	2.190	3.409	2.903	3.667	2.534
1.609	2.216	0.840	1.950	1.248	2.096	1.611	2.239	3.467	2.925	3.676	2.539
1.717	2.253	0.930	1.982	1.167	2.067	1.627	2.246	3.426	2.910	3.665	2.535
1.858	2.301	0.915	1.975	1.139	2.056	1.605	2.238	3.434	2.912	3.690	2.542
1.832	2.293	0.908	1.974	1.104	2.044	1.616	2.241	3.379	2.892	3.613	2.514
1.775	2.273	0.958	1.991	1.131	2.053	1.610	2.240	3.419	2.908	3.569	2.498
1.831	2.292	0.993	2.005	1.073	2.033	1.608	2.239	3.402	2.900	3.523	2.481
1.818	2.288	0.993	2.005	1.090	2.038	1.599	2.235	3.368	2.888	3.537	2.486
1.812	2.286	1.074	2.033	1.032	2.017	1.632	2.248	3.255	2.846	3.470	2.462
1.784	2.277	1.155	2.063	0.975	1.996	1.663	2.258	3.189	2.822	3.518	2.479
1.840	2.296	1.114	2.047	0.942	1.984	1.632	2.248	3.202	2.827	3.527	2.481
1.836	2.295	1.054	2.024	0.867	1.957	1.731	2.284	3.118	2.795	3.518	2.478

X	Y	X	Y	X	Y	X	Y	X	Y	X	Y
1.921	2.323	1.095	2.041	0.869	1.958	1.715	2.278	3.155	2.808	3.475	2.463
1.883	2.310	1.091	2.040	0.841	1.947	1.703	2.273	3.108	2.791	3.524	2.481
1.865	2.305	1.067	2.030	0.833	1.946	1.695	2.270	3.083	2.783	3.587	2.505
1.897	2.316	1.117	2.048	0.896	1.969	1.685	2.267	3.054	2.772	3.503	2.474
1.891	2.314	1.102	2.044	0.849	1.951	1.681	2.267	3.000	2.752	3.550	2.492
1.842	2.297	1.086	2.037	0.850	1.951	1.560	2.220	3.083	2.784	3.495	2.470
1.760	2.268	1.063	2.028	0.838	1.946	1.649	2.253	3.017	2.758	3.514	2.477
1.771	2.271	1.143	2.057	0.776	1.924	1.623	2.245	3.035	2.764	3.586	2.504
1.721	2.255	1.193	2.077	0.760	1.919	1.666	2.260	3.097	2.788	3.588	2.505
1.691	2.244	1.242	2.093	0.722	1.904	1.680	2.266	3.080	2.781	3.616	2.516
1.646	2.230	1.244	2.094	0.692	1.893	1.694	2.269	3.061	2.775	3.691	2.544